狄膺日記

1953

上冊

The Diaries of Ti Ying（Diffoutine Yin）

1953

- Section I -

狄　膺　原著
王文隆　主編

民國日記｜總序

呂芳上
民國歷史文化學社社長

人是歷史的主體，人性是歷史的內涵。「人事有代謝，往來成古今」（孟浩然），瞭解活生生的「人」，才較能掌握歷史的真相；愈是貼近「人性」的思考，才愈能體會歷史的本質。近代歷史的特色之一是資料閎富而駁雜，由當事人主導、製作而形成的資料，以自傳、回憶錄、口述訪問、函札及日記最為重要，其中日記的完成最即時，描述較能顯現內在的幽微，最受史家重視。

日記本是個人記述每天所見聞、所感思、所作為有選擇的紀錄，雖不必能反映史事整體或各個部分的所有細節，但可以掌握史實發展的一定脈絡。尤其個人日記一方面透露個人單獨親歷之事，補足歷史原貌的闕漏；一方面個人隨時勢變化呈現出不同的心路歷程，對同一史事發為不同的看法和感受，往往會豐富了歷史內容。

中國從宋代以後，開始有更多的讀書人有寫日記的習慣，到近代更是蔚然成風，於是利用日記史料作歷史研究成了近代史學的一大特色。本來不同的史料，各有不同的性質，日記記述形式不一，有的像流水帳，有的生動引人。日記的共同主要特質是自我（self）與私密（privacy），史家是史事的「局外人」，不只注意史實的追尋，更有興趣瞭解歷史如何被體驗和講述，這時對「局內人」所思、所行的掌握和體會，日記便成了十分關鍵的材料。傾聽歷史的聲音，重要的是能聽到「原音」，而非「變音」，日記應屬原音，故價值高。1970 年代，在後現代理論影響下，檢驗史料的潛在偏見，成為時尚。論者以為即使親筆日記、函札，亦不必全屬真實。實者，日記記錄可能有偏差，一來自時代政治與社會的制約和氛圍，有清一代文網太密，使讀書人有口難言，或心中自我約束太過。顏李學派李塨死前日記每月後書寫「小心翼翼，俱以終始」八字，心所謂為危，這樣的日記記錄，難暢所欲言，可以想見。二來自人性的弱點，除了「記主」可能自我「美化拔高」之外，主觀、偏私、急功好利、現實等，有意無心的記述或失實、或迴避，例如「胡適日記」於關鍵時刻，不無避實就虛，語焉不詳之處；「閻錫山日記」滿口禮義道德，使用價值略幾近於零，難免令人失望。三來自旁人過度用心的整理、剪裁、甚至「消音」，如「陳誠日記」、「胡宗南日記」，均不免有斧鑿痕跡，不論立意多麼良善，都會是史學研究上難以彌補的損失。史料之於歷史研究，一如「盡信書不如無書」的話語，對證、勘比是個基本功。或謂使用材料多方查證，有如老吏斷獄、法官斷案，取證求其多，追根究柢求其細，庶幾還原案貌，以證據下法理註腳，盡力讓歷史真相水落可石出。是故不同史料對同一史事，記述會有異同，同者互證，異者互勘，於是能逼近史實。而勘比、互證之中，以日記比證日記，或以他人日記，證人物所思所行，亦不失為一良法。

從日記的內容、特質看，研究日記的學者鄒振環，曾將日記概分為記事備忘、工作、學術考據、宗教人生、游歷探險、使行、志感抒情、文藝、戰難、科學、家庭婦女、學生、囚亡、外人在華日記等十四種。事實上，多半的日記是複合型的，柳貽徵說：「國史有日歷，私家有日記，一也。日歷詳一國之事，舉其大而略其細；日記則洪纖必包，無定格，而一身、一家、一地、一國之真史具焉，讀之視日歷有味，且有補於史學。」近代人物如胡適、吳宓、顧頡剛的大部頭日記，大約可被歸為「學人日記」，余英時翻讀《顧頡剛日記》後說，藉日記以窺測顧的內心世界，發現其事業心竟在求知慾上，1930 年代後，顧更接近的是流轉於學、政、商三界的「社會活動家」，在謹厚恂恂君子後邊，還擁有激盪以至浪漫的情感世界。於是活生生多面向的人，因此呈現出來，日記的作用可見。

晚清民國，相對於昔時，是日記留存、出版較多的時期，這可能與識字率提升、媒體、出版事業發達相關。過去日記的面世，撰著人多半是時代舞台上的要角，他們的言行、舉動，動見觀瞻，當然不容小覷。但，相對的芸芸眾生，識字或不識字的「小人物」們，在正史中往往是無名英雄，甚至於是「失蹤者」，他們如何參與近代國家的構建，如何共同締造新社會，不應該被埋沒、被忽略。近代中國中西交會、內外戰事頻仍，傳統走向現代，社會矛盾叢生，如何豐富歷史內涵，需要傾聽社會各階層的「原聲」來補足，更寬闊的歷史視野，需要眾人的紀錄來拓展。開放檔案，公布公家、私人資料，這是近代史學界的迫切期待，也是「民國歷史文化學社」大力倡議出版日記叢書的緣由。

狄膺日記導言

王文隆

南開大學歷史學院副教授

一、狄膺生平

狄膺（1896-1964），江蘇省太倉縣璜涇鎮人，為溧陽（舊稱平陵）胥渚狄氏之衍族，原名福鼎，字君武，自號邃思齋主、平常老人，1896 年 1 月 3 日（光緒 21 年 11 月 19 日）生於璜涇鎮，為長子，上有一姐穎芬，下有福震、福晉、福豫三弟，育有原滄（字公望）、原溟（字寧馨）二子。[1] 曾祖父狄勱為生員，嗣祖父狄本仁為國學生，生祖父狄景仁業儒，太平天國之亂後改執棉布業，父親狄為璋曾舉太倉州學秀才第一，上海龍門師範學堂文科卒業，時為私塾老師，後任小學教員及校長，母親陸藏貞。先生五歲認字，1906 年（光緒 32 年）改入高等小學，1908 年（光緒 34 年）冬考入龍門師範學堂，在學五年期間，經歷了辛亥革命，該校改名為江蘇省立第二師範學校，1914 年畢業後，至崑山縣第二高小任教達一年半。[2]

1916 年，先生以國學特別優長，考入北京大學哲學系，名列第八。羅家倫回憶道：

---

1 狄膺，〈十載追思〉，狄君武先生遺稿整編小組編，《狄君武先生遺稿》（臺北：中國國民黨黨史史料編纂委員會，1965），頁 10；平陵狄氏宗譜續家譜編修工作組，《平陵狄氏宗譜》（北京：家屬自印，2018），頁 19。

2 狄膺，〈狄膺自傳〉，狄君武先生遺稿整編小組編，《狄君武先生遺稿》，頁 2-3。

狄君武先生與我相識遠在 1917 年北京大學西齋 4 號房間。這號房間裡共住 4 人，為傅孟真、顧頡剛、周烈亞、狄君武。我因為同孟真、頡剛都對文學革命運動有很大的興趣，故常到 4 號商討編撰和出版《新潮》問題。君武此時雖在哲學系，卻愛好「選學」，常常填詞作曲以就正於黃季剛、吳瞿安兩先生。烈亞則治佛學，後來做西湖某大叢林的住持。「道並行而不相悖」，正是當時的氣氛。[3]

1919 年，五四運動爆發，許多知識青年紛紛走上街頭抗爭，也有許多學生被捕入獄。羅家倫也回憶與狄膺參與的一段：

到了「五四」運動發生的時候，波濤洶湧，君武見外患日迫，軍閥專橫，於是一變其文人積習，而投身於此一運動。如營救五四到六三間陸續被捕之同學一幕，他和我在晚間帶了些食品和內衣等到警察廳內的看守所去「探監」。一進廳門，衛兵均以刺刀相向。我要和他一道進去，他力阻我同去。他說：「他們認得你，不認得我。」又說：「你會同他們爭執，讓我單獨去罷！」我不肯，終於同進去。他以和善口吻，說太倉人學講的北京話，對方看他是一個十足的文弱書生，態度也就和緩下來了。這是他在「秀才遇到兵」的場合中，能應變的一幕。以後幾次類似的交涉，同學們都推他去辦。[4]

3 羅家倫，〈前言〉，狄君武先生遺稿整編小組編，《狄君武先生遺稿》，頁 1。
4 羅家倫，〈前言〉，頁 1。

可見狄膺在學潮中之處事應對得當，分寸拿捏得宜。

1919 年夏天畢業後，狄膺回到江蘇省立第二師範母校任教，次年 1 月與任教於小學的顧瑛（字綴英）結婚。1921 年 7 月，狄膺響應吳稚暉的號召，參加勤工儉學行列，赴法就學於中法大學研究院為特別生，並於留法期間加入中國國民黨。1925 年冬因父親重病，自法歸國甫一個月，父親便過世。1926 年夏赴廣州，供職於國民黨中央政治會議祕書處，和葉楚傖共事，自此參與黨政工作。1927 年，南京國民政府建立後，歷任國民黨南京市黨部宣傳部部長、國民黨江蘇省黨部指導委員。1931 年 10 月起任立法委員，後於 1933 年與 1935 年連任。黨務工作方面，1935 年，他當選為國民黨第五屆候補中央監察委員。1938 年，任國防最高委員會第三處處長。1942 年 12 月，任國民黨中央執行委員會副祕書長。[5] 1945 年，任國民黨第六屆中央執行委員、中央監察委員會祕書長。抗戰勝利後，當選為制憲國民大會代表。1947 年，任中央政治委員會委員。1948 年，在戶籍地以三十萬票高票當選為第一屆立法委員。1949 年，國共內戰局勢丕變，自成都經海口遷至臺灣，妻子滯留南京，原滄、原溟兩兒滯留北平，分別就讀北大與清華，狄膺孤身一人赴臺，血親僅二房姪長女狄原湛和其夫婿施文耀來臺。1950 年，任國民黨中央改造委員會紀律委員會副主任委員。1952 年，改任黨史史料編纂委員會副主任委員，為主委羅家倫之副手，並為國民黨中央第七至九屆中央評議委員。黨史史料編纂委員會副主任委員一職可謂閒缺，加以立法委員之收入，生活大抵無虞，然因家人皆

5 狄膺，〈狄膺自傳〉，頁 3-4。

不在身邊，家無定居，食無定所。[6] 或因他在臺孤身一人，經常出外遊覽，對於同鄉活動參與頗多，對後進照顧亦深。1955 年 6 月中，因糖尿病引發眼底視網膜血管破裂，左眼失明，目力漸衰，以單一目視，書寫行斜字歪。[7] 狄膺入臺北廣州街中心診所診治，後送至聯勤醫院，醫師吳靜稱他有六病，一齒、二腰、三糖尿、四慢性膽囊炎、五眼翳障、六機能性腦血管痙攣，身體狀況惡劣，這使得他在 1955 年 4 月至 6 月及 1955 年 7 月至 9 月兩冊日記的封面，特別寫上了「病」字。[8] 身體漸弱後，他鮮少應允外界題字的請託，然于右任於 1958 年在臺北復辦粥會，該會以「閒話家常，笑談古今」為宗旨，洽合先生寓於詩文的雅緻，故積極參與，並於次年粥會欲置辦會所時，勉力提筆，鬻字贊助，協助集資。[9]

先生晚年困於糖尿病，身體欠佳，不僅視力受損，且患有慢性腹瀉，1962 年清明節前遊歷新竹，返家發現右肢麻木，口不能言，驚覺中風，送榮民總醫院緊急救治，而後時臥病榻，至 1964 年 3 月 15 日因感染肺炎辭世，享年七十歲。[10] 狄膺過世後，因無家人在臺，全由國民黨中央協助照料後事並舉辦公祭，出席者二千餘人，同年 6 月 28 日，葬於新竹市青草湖畔靈隱寺旁自擇墓地。限於兩岸政治分隔，狄膺墓地由姪女一家維護，狄膺直

---

6 〈狄膺先生事略〉，國史館編，《國史館現藏民國人物傳記史料彙編》，第 11 輯（臺北：國史館，1994），頁 137-138。

7 狄膺，〈除夕歲前短語〉，狄君武先生遺稿整編小組編，《狄君武先生遺稿》，頁 84；狄膺，〈學書自敘〉，狄君武先生遺稿整編小組編，《狄君武先生遺稿》，頁 87。

8 狄膺，《邃思齋日記》，1955 年 6 月 29 日，《狄膺檔案》，中國國民黨黨史館藏，檔號：膺 1317.25。

9 〈重建粥會聚會所　狄膺鬻字籌款〉，《中央日報》，1959 年 9 月 27 日，第五版。

10 杜負翁，〈悼狄膺〉，《中央日報》，1964 年 3 月 19 日，第六版。

系子孫直到兩岸和緩後，才獲准赴臺祭掃。

二、《狄膺日記》的來由

狄膺生前最終黨職為黨史會副主委，因他的直系親屬都滯留大陸，其後事全由黨部同仁操辦，在兩岸敵對的大環境下，狄膺身後遺留的財產與負債僅能由中央黨部代為處理。為此，黨部特別組織狄膺先生遺物委員會，由時任交通部政務次長的張壽賢為主席，除邀請黨部相關單位派員參與之外，亦邀請姪女婿施文耀為家屬代表出席。委員會決定狄膺遺產中，收支紬餘扣除應納稅款以及親友積欠後賸下近二萬二千元新臺幣移作治喪費用，豁免狄膺積欠黨部與黨史會的近五萬元，協助出售金華街房產之剩餘部分填入治喪款中，鋼筆、輓聯及私人用具交施文耀收存，另密函狄夫人報喪，並收得狄夫人回函。[11] 中央公教人員保險金的出險部分，匯存香港上海銀行，以狄夫人名義存入，曾成功匯撥一筆三百港幣進入大陸。或因大陸當時政治氣氛影響，後狄夫人來信關切出售房產之剩餘，並告以暫緩匯款。[12] 依照委員會決議，實體文物由黨史會史庫收存，納為館藏，包括狄膺之日記、家譜、賬本、金石、相簿、文件、圖書等。在狄膺先生遺物委員會的紀錄中，雖稱接獲狄夫人來函，但文件中未見存檔，然從狄夫人曉得狄膺之房產處置以及保險金收取等事推斷，委員會之決

---

11 「狄君武先生遺物處理委員會第一次會議」（1964 年 4 月 21 日），《狄膺檔案》，中國國民黨黨史館藏，檔號：膺 685-2；「狄君武先生遺物處理委員會第五次會議」（1964 年 9 月 11 日），《狄膺檔案》，中國國民黨黨史館藏，檔號：膺 685-6。

12 「狄君武先生遺物處理委員會第四次會議」（1964 年 9 月 11 日），《狄膺檔案》，中國國民黨黨史館藏，檔號：膺 685-5；「狄君武先生遺物處理委員會第五次會議」（1964 年 11 月 14 日），《狄膺檔案》，中國國民黨黨史館藏，檔號：膺 685-6。

議狄夫人理應知情，而委員會中亦有姪女婿代表家屬發言，對於委員會的決定也應知曉。大陸歷經多次政治運動與文化大革命的動盪，狄家因狄膺為國民黨高級幹部，也多受牽連。狄夫人於 1978 年辭世。狄原滄、原溟二子，自從兩岸開放之後，才得赴臺祭掃，並多次去函國民黨表達取回狄氏家譜，以及部分私人物品、照片、金石的願望，然皆未果。

筆者自 2012 年 10 月接任中國國民黨文傳會黨史館主任，在史料庫房搬遷完竣之後，恢復資料開放，也將《狄膺日記》列上開放時程。狄家後人於 2015 年 5 月，一方面透過狄原溟之女狄蘭來函，一方面透過姪女狄源湛之子施銘成、施銘賢親訪，再度表達希望黨部歸還家譜的願望，經轉陳文傳會主委林奕華，再續報祕書長李四川同意後，於該年 6 月 2 日將家譜、戶口名簿、病歷、部分私人照片及印鑑等奉還家屬代表狄蘭查收。黨史館復藉此機會取得家屬同意，在館內開放《狄膺日記》及其賬本。因為此番結緣，2020 年時也獲得家屬同意與授權，藉由民國文化學社協助，將《狄膺日記》鍵錄出版，俾利學界研究利用，深謝家屬慨允與學社的支持，歷經三年時間的整理，共得百萬餘字的日記，分批出版。

三、《狄膺日記》的價值

狄膺向有做紀錄的習慣，主要有兩類，一是賬本，一是日記。前者始自 1933 年，終於 1962 年 3 月的《不宜悉記，不可不記》，共十二冊。狄膺記賬始於上龍門師範學堂一年級時，當時一個月僅得十元，必須記賬撙節，而自記賬本取名有其思路，他說「不宜悉記者，記賬時偶忘之，不苦加思索，施不則償，不必誌其姓氏；不可不記者，人之厚我，我所欠人，何可一日忘之者是也。」[13] 雖說是不宜悉記，但賬本內容鉅細靡遺，舉凡各項收入、日常飯食、往來交際、生活採買、車船交通、納款繳費，只要是錢款往來，幾乎無一不錄，由是透過他的賬本，不僅能呈現出一部穿越抗戰、內戰及至遷臺的社會史，也能是觀察貨幣與通澎的經濟史。後者為始自1950年1月，終於1960年12月的《邃思齋日記》，共四十七冊，主要集中在遷臺之後的記述。狄膺寫日記，開始得很早，從他八歲開始便就有不全的日記，十四歲起陸續成冊，自題為《雁月樓日記》。結婚之後，仍有撰寫日記的習慣，但因將同太太爭執的細節也寫進日記，惹得太太不高興抗議，才不再寫。留法期間曾做記事，返國後因任職中央政治會議祕書，擔心一不小心洩漏機密，暫停日記，直到遷移來臺之後，才復記日記。[14] 日記的內容一如賬簿一般瑣碎，除了流水賬式的記事之外，也將友人的聯繫方式、往來信函、時事感言、故事雜記、奇聞軼事散記其中，甚至連吃飯的桌次、菜譜都不漏。一日之記事最多能達數頁，舉凡天氣、路況、心情、談話與路徑都能寫入，間或夾雜1950年之前的追記與回憶，可說無所不包。

對於書寫來說，瑣碎是一項缺點，但對於史料價值而言，瑣碎有時反而留存了更多資訊。或因狄膺在臺灣大多時間自甘平淡，對於官場、權勢、財富都沒有強烈慾望，家人多不在身邊也少了些許煩惱，有了大把時間可以記事，將走訪各地的見聞，與朋友、同鄉、粥會的往來，化為文字，搭配上羅家倫為其編輯出版的《狄君武先生遺稿》很能作為政府遷臺初期日常生活史、社

13 狄膺，〈（七）〉（1944年9月1日），狄君武先生遺稿整編小組編，《狄君武先生遺稿》，頁42。

14 狄膺，〈邃思齋日記序〉，狄君武先生遺稿整編小組編，《狄君武先生遺稿》，頁88。

會經濟史、飲食文化史的素材，對於了解外省族群來臺後的情況也能有所管窺。於目前史學界流行的戰後離散史之研究提供絕佳資料。只可惜狄膺來臺之前的日記與圖書，因戰亂關係，已經全數佚失，現僅存來臺之後的部分，之前的相關內容完全闕如，不無遺憾。

四、結語

狄膺自號「平常老人」，寓意為「一個普通的年邁者」，然而這個孤身來台的普通人，雖能藉著參與北大校友會、蘇松太同鄉聯誼會，以及台北粥會的機會，與友朋交遊，到各處就餐，或是前往姪女處走動，但總還是常念及滯留大陸的妻小，有時還會悲從中來。1951 年 1 月 2 日元旦假期期間，自記：「今晨在動物園見母猴偎乳其獮，為之捉蚤，親愛之極，無可比方。頓念先慈恩愛，又惜二兒長違，心痛淚流，難以解釋。」[15] 這份「難以解釋」，除了對家鄉和孩子的思念之外，也是深知兩兒滯留大陸且與自己立場不同，終是難以再見的悲苦，只能暗自淚眼婆娑，不足為外人道也。相似的心緒，偶而也會在他心中浮起，他左眼失明後的第一個除夕夜裡，自記道：「余過除夕，不能不憶家鄉，又不能不憶已過之穎姊、祝妹、受祥，遠離之公望、寧謦。余孑然一身，中心起伏萬狀，遇節更悲，非他人所可體會也。」[16] 這位普通老人的心情，在大時代洪流的衝撞下，也有他難以言喻的一面。

---

15 狄膺，《遼思齋日記》，1951 年 1 月 2 日，《狄膺檔案》，中國國民黨黨史館藏，檔號：膺 1317.3。

16 狄膺，《遼思齋日記》，1956 年 2 月 11 日，《狄膺檔案》，中國國民黨黨史館藏，檔號：膺 1317.28。

史料為公器，資料公開能使過去撥雲見日。黨史館所藏《狄膺日記》在家屬的支持下，不刪改任何一字，不遮掩任何一段，全部判讀後鍵錄出版，是一份新史料的公布，也是一份新素材的揭露，吾人能透過狄膺手書的紀錄，回過頭去看看 1950 年代臺灣社會的種種，無論是採取個人史的微觀，或是將狄膺所記作為取材的一項，都頗具價值。

民國史百寶箱：《狄膺日記》與我

劉維開

國立政治大學歷史學系退休教授

民國歷史文化學社要出版前中國國民黨黨史史料編纂委員會副主任委員狄膺遺存的日記，編輯們由日記中知道狄膺生前與先父劉象山多有往來，要我對日記的出版寫一些話。

狄膺過世的時候，我年紀還小，不確定在他生前有沒有見過，但是在他過世後，印象中有一年，先父母帶著我和妹妹專程到新竹青草湖拜謁狄膺墓，父親在墓前說「給狄公公行禮」，帶領我們恭敬的行三鞠躬禮。狄膺過世後，他的資料保存在黨史會，我到黨史會工作後，偶有機會與管理史料的阮繼光先生談話，他不止一次的對我說：「狄膺檔案中有不少你父親的資料」，但是我當時沒有想到要看這些資料，現在感到有些後悔。當時如果調出日記查閱，對於日記中提到的一些人事，可以詢問先父母，現在則沒有辦法。

先父早年從事黨務工作，與狄膺應該有一些見面的場合，但是據先父自述，兩人交往是在 1945 年中國國民黨舉行第六次全國代表大會。當時狄膺是中央黨部副祕書長，先父是黨部專門委員，調派到狄膺的辦公室工作，擔任大會祕書。兩人均喜好詩文，且有共同熟識的友人，來往逐漸密切。先父留存一本大陸時期的詩稿，其中有多首與狄膺有關的詩作，時間大概在 1945 年左右。此後兩人時有詩作酬和，狄膺有時不欲將父親詩作再錄於日記上，要他直接書寫於日記上，我在日記中見到兩處父親的筆跡。

先父於 1949 年離開北平後，一路輾轉到臺灣，再到香港，爾後接受狄膺建議，至海南島任職，之後再到臺灣。這段經過，《狄膺日記》中記事和先父的回憶大致相同，看到 4 月 4 日記有「下午覆劉象山、陳幹興、孔鑄禹書」，孔鑄禹、陳幹興（本）是先父在海南任職時結識的好友。孔鑄禹伯伯幾乎每年會來臺灣參加十月慶典活動，他的兩個孩子在臺灣接受大學教育，常到家裡，和我們的關係如同家人；陳幹興則是每隔一段時間會和父親通信，我印象最深的是他寄來的一件孫中山手書「燕歌行」影本，父親特地將它裝框掛在牆上。孔、陳兩位應該是狄膺居留廣州期間，往來香港、海南時所結識，他曾經介紹孔鑄禹為海口中央日報黨股代表人，與陳幹興（本）則是時有詩作往來。

狄膺在中國國民黨六全大會後改任中央監察委員會祕書長，行憲後當選第一屆立法委員，這兩個職務使他在 1949 年大多數的時間跟著中央黨部與立法院移動。2 月初，中央黨部與行政院相繼遷廣州辦公，大部分的立法委員也都到了廣州。狄膺於 1 月底從南京到上海，2 月 5 日搭乘海平輪，於 9 日抵達廣州；10 月 12 日，由廣州搭機隨中央黨部及政府遷重慶辦公；11 月 29 日因重慶情勢危急，飛抵成都；12 月 5 日，成都危急，搭機至海口，30 日自海口飛新竹，31 日抵臺北，暫住其姪女原湛與姪女婿施文耀寓所，後得臺灣鐵路管理局（簡稱「鐵路局」）局長莫衡（葵卿）同意，居住在臺北市西寧北路 6 號鐵路招待所相當一段時間。對於這段經歷，他在《不宜悉記不可不記》賬冊中，有詳細的紀錄。

狄膺來臺初期，需要處理中央監察委員會事務，同時出席立法院相關會議，事務較為繁忙；中國國民黨改造後，中央監察委員會結束，改任紀律委員會副主任委員，除了參加黨內總理紀念週等活動外，主要是出席立法院相關會議。閒暇時間則是探親訪友、定期參加崑曲聚會，以及和友人打麻將。他常在早年曾服務於交通界的錢探斗，以及當時任鐵路局材料處處長王世勛（為俊）兩人的家中打麻將，輸贏都記在《不宜悉記不可不記》賬冊中。

王、錢兩位都是我的長輩，王世勛與日記中所記郁佩芳是夫妻，亦是先母的寄爹、寄媽，我稱他們為外公、外婆；錢探斗是先母乾媽錢馨斯的兄弟，張藕兮是他的妻子，我稱他們為錢公公、錢婆婆。王、錢兩家住的很近，王世勛家在長安東路二段、中山女高對面；錢探斗家在建國北路一段三十三巷；長安東路和建國北路成垂直狀，印象中兩家的房子就是背靠背。王世勛的籍貫是福建林森，但是出生在蘇州，實際上是蘇州人；錢探斗是太倉人，和狄膺是同鄉。在日記中還有一位在王世勛家打牌的友人陳敏，我稱她為陳婆婆，在行政院新聞局工作，和先母的關係很好，隔一段時間會到家裡找先母聊天。在 1954 年 2 月的日記中，有一段記道：「張毓貞、丁淑貞、侯佩尹、顏叔養均來，同張、侯到梅龍鎮吃包子。」當日的賬本上有：「付張毓貞同食點二十元。」張毓貞即是先母，我之前以為先母認識狄膺，是因為先父的關係，但是這個時候先父母還沒有結婚，看到日記這些記事，或許與王、錢兩家有關。

狄膺的交遊廣闊，友人甚多，加上博聞強記，日記中除了每天的活動記事外，還包括許多所聽聞的歷史掌故、人物軼事，如鈕永建自述參加革命經過、吳鐵城自述訪日與麥克阿瑟談話要點、張知本談政學會與政學系、周佩箴談浙江革命黨事等等，每一段都是民國史上重要的資料。張靜江病逝後，狄膺將所聽聞張氏生平軼事、易簀前情形以及張氏譜系等通通記在日記上，可以說是張靜江重要傳記資料。對於自己所經歷事，如中國國民黨中央改造委員會成立後，中央監察委員會辦理結束，他身為祕書長負責移交，在日記中將移交的過程，特別是款項的交接，記錄得十分詳細。又如他早年曾響應吳稚暉勤工儉學號召，赴法國留學，因此尊敬吳稚暉為師，不時前往探望，日記中記錄了吳氏的晚年身影，其中也包括蔣中正與蔣經國對吳稚暉的照顧。除此之外，狄膺定期參加徐炎之、張善薌夫妻召集的崑曲聚會，日記中有不少聚會時的記事，包括參加者以及表演的內容等，可以說是崑曲在臺灣發展的重要資料。

狄膺逝世後，黨史會將他的詩文彙集成《狄君武先生遺稿》，並將其《不宜悉記不可不記》賬冊中歲首年尾之感懷記事，摘錄收錄其中，內容亦頗為可觀，且因其始於 1938 年，可以與日記相互參看，補充其家世及早年記事之不足。整體而言，《狄膺日記》內容相當豐富，有時會覺得瑣碎，但是仔細閱讀，可以發現其中有不少值得參考的資料，視之為民國史資料的百寶箱，當亦不為過。

編輯說明

一、本書收錄狄膺 1953 年之日記，共分上下兩冊，上冊錄該年 1 月 1 日至 6 月 30 日止，下冊錄 7 月 1 日至 12 月 31 日止。

二、古字、罕用字、簡字、通同字，在不影響文意下，改以現行字標示。

三、日記中原留空白處，以□表示，難以辨識字體或破損處，以■表示，編註以【 】標示。

四、作者於書寫時，人名、地名等時用同音異字、近音字，落筆敘事，更可能有魯魚亥豕之失，為存其真，恕不一一標註、修改。

目錄

上冊

1953 年

1953年

1月1日　晴

錢十嚴於未起床前來賀年，手持為秦啟文所刻象牙名章，紅封套上寫萬象更新。同晉粥，煮白雞蛋，作元寶，十嚴丈為剝殼，余食二枚即出。乘三路車穿師範學院，入居宅，向居伯母拜年，在居先生靈前鞠躬。出，乘鄒海濱先生車，至台北賓館參與中央黨部團拜，于先生盛稱國民黨創造民國中，經變亂兩年來改造完成，於主義、刊物、大陸及華僑工作頗有成績，希望大家努力達成復國建國司命。嗣於九時半參加總統府團拜典禮，吳稚暉先生所書篆文「介壽堂」扁正懸堂上。總統講我空軍於昨日救回自斐律濱啟行被匪共劫持之飛機及天行貨船，被迫駕往上海，仍將匪共捆住，駕回基隆，足見人心反共，希大家於匡復工作格外努力。出，到台大醫院向吳稚暉師拜年，先生擁被高臥未起，余遇吳鐵城於房首，張羣、陳誠、黃少谷於院門，余為師辭謝。出，至立法院門首，院中團拜方散，余與行禮畢下樓之人握手。回寓寫賀年片，胡世汾、方天行、戴問梅來拜年，顧儉德、陸佑湘來拜，未遇。在寓飯，祇抄菜頭絲及菠菜豆腐湯味佳。飯畢黃仲翔來，祇差數分鐘，仲翔出，飯後歸余寓略休息。二時至台北站，坐二時四十分開行之汽油車，余等排隊三十分鐘得座。在玻窗作遠近眺，遠則山海，近則溪田，寒蕪綠遍，稻土翻黃，極為有味。惟交車時遇火車頭轟轟振蕩，極愁汽油車小，恐受其欺。五時至新竹陳石泉家，項蓉、朱世楷候余，跳躍而出。余略打牌，飯後訪白如初，余擬在新竹同白宴立法同人，同人歸來者少，白家又無人助工，乃罷。余至王雅家，雅約明日中飯，余踏月回，寒風上面，如在璜涇臨海上也，極念戴貢三。十一時同仲翔對床而臥。

1月2日　晴

晨起，同仲翔至新竹城隍廟，有道士法衣讀疏，一小孩持香隨後頂禮。仲翔云控訴內容，似為錢債事，乃不調解於商會，控訴於民庭耶。入後殿，城隍奶奶像前有獻花粉者，又訝其推情周至，相與大笑而出。得車至東門小學舊陸軍大學，李康五住宅在校後第三排房，先見其女，次見康五。語及臺北伊之分配屋，王培禮要求住進去，康五因女在新竹女中上學，擬暑假遷往，事與理似可商。余謂由其逕給培禮，不能中保也。歸石泉家，卜振海之子卜釗來，引余及仲翔、石泉至火車站，雇一汽車，先走林蔭道至竹北，轉赴關西之柏油路。至新浦鎮稍轉上上山之路，人家橘園皆種竹為長籬，籬密集無狗洞可鑽，門又設在交通最不便處。余等入左園，橘已摘盡，鑽右園，有二十餘株垂橘者，纍纍者皆是，腐蝕於地者不少。遇園主土農，卜釗與講台灣話，許每人贈橘，云尚不可吃，余等試之亦無大不好。卜釗摘一枝有四橘，石泉摘得檸檬兩枚，余得其一。下至新浦鎮上，巡禮學校、衛生所、鎮公所，皆新建，足徵民有餘力。余等擬購橘，議價未成，乃歸。仲翔與余入王雅舍，食春捲四、餛飩兩小碗，辛學祥佐雅操作，食已返石泉寓。仲翔於三時搭車回商蓉村虧本如何繼續事，並接伊夫人來玩。余同王漢生、石泉夫婦、陳粵生、方倩萍打牌，幾乎無輸贏。昨日卜振海太太喬氏與王影真科長所打出關者，輸三百元以上也。十時余倦甚睡。今日鐵路黨部委員林直中亦來打牌。

1月3日 晴

六時陳天任對床先起，余勸之再睡。伊談傅孟真任校長時真愛護學生，新宿舍成，伊下車走到宿舍，學生方膳，伊問長問短，有一窮學生短視，貧不能購眼鏡，傅即以己鏡試合度後贈之，其人於傅喪哭甚哀。天任肄業台大法學院經濟系，云趙蘭坪楊樹人，貨幣銀行學教得甚好。又譚台大女生有四大美人，殷之時（平湖人）、林慧卿、陳明任及法學院某，四大金剛、三劍客、哼哈二將等，目以殷之時為才貌均佳。九時同石泉走宅西新開路，參觀西門國校，人字形校舍正在建築中，場地極大，四圍掘溝十二，課堂有廊瓦皆自製，可想行政效力及地方財政充足。石泉與余皆愛辦學校，稱羨不絕。後過少年監獄門首，轉三廠入王漢生、陳粵生夫婦泥牆房，當時化金子十餘兩，而近愁颱風吹倒。王夫人黃強生四女無男，近又妊，希望得男，陳亦一大群，云八男女皆其妻三十餘歲之方倩萍所生，幾乎一年一個。余在陳客室小坐，遇林君歸。走延平路返陳宅，自少年監可望陳宅房頂，窗牖則為甘蔗所遮。十時許，辛學祥以車自車站接胡元度、黃仲翔來，余等即出發至青草湖，擠滿車廂，惟陳平任未往。余等在孔明像及大佛堂行禮，後園中間正建藏經儲室，又於大殿之後接出一埭正建築中。余語住持無上，不可再有建築減少園地，惟左後小庵處可建一客室。今日小庵門閉，其門前山茶多株，僅小白鈕一朵初放，鮮潔宛孌，余見之極樂。無上導游畢，請在客室供茶，出孫立人、吳國楨所書條幅。余先書「慈恩永庇」四字，云今日是余五十有九初度，念此身久負親恩，此行又與長姊長別，特來禮佛云云。又書秋苗一絕句，再書一題名。無上云已準備飯，辭謝之，乃歸陳宅食麵，飲柑汁半盃。二時至新竹省立女子中學，今日蘇薌雨請胡適之先生來游新竹，因請作公開演說。余與劉英士候先生於校門首，先生偕郝更生、錢思亮同來，入校長室中晤校長姜瑞鵬、縣長朱盛淇、縣黨部主任委員孫午南。聽眾約五千人以上，移講檯於操場，裝擴音機，至三時始得開講。先生講民國七年蘇俄革命成功，以暴力奪取政權，更以暴力維護既得政權，為三百年來人類文明用科學方法減少人力之一大逆流，其為鐵幕不教人知道內容，是極權主義者自己先生怕懼，此一波折決不能久云云。講演為時已一點鐘，先生傷風，喉已微澀。余以師可先立在演講臺前任人瞻仰，再開錄音片請聽眾細聆，再補充一段，使聽眾有新的收獲之說進。先生曰不可如此，恐聽眾不滿。先生苟不改良，非聲嘶力竭不可，必有一日演講不得也。余語先生今日為余生日，先生致賀。余語錢思亮擴大機帶在身上，要多少聲大便多少大，人體裝翼欲飛則飛，有可能否。錢云數十年後當然可以，聲音利用原子便可，又其他星球聞已有生物，有人謂已亦有人類，文明程度比我們為高者。四時許散，余等回寓待至天黑，朱世楷駕車同卜振海來迎，同至土城里觀甫生兩月朱家似，睡搖籃中，合眼熟睡。設席於韓宅，韓夫人張彬暨岳母未坐席，余之左為仲翔、元度、素芬、石泉、振海、王志仁、翟夫人、項蓉、朱世楷、韓一夫、徐振源、錢瑋文、林鴻希。徐君常熟謝家橋人，為浦逖生之甥，錢瑋文為其妻，住常熟大東門，係新婚夫婦。翟夫人之夫克㑹山西人，經營牛膠廠，製西藥之膠管，八時許回寓熟睡。

1月4日　晴

晨粥，待陳天任購燒餅回，久之不得。粥後余至縣長室，留拜朱盛淇縣長。出，至世界里尤介貞律師處問宋書同案之究竟，尤曰法警惡，經保釋之台灣人家亦惡。法警索保釋費一千五百元，寫一收據，約保釋後將收據送還，其家先將收據照相，人既保出，則憑此據向法警兩次索回賄款。法警並未向宋書同送錢，僅在特種酒家請宋酒，酒後供給花姑娘，錢之來源為賄款，則宋實知之。宋恃證據非伊所寫，而不知前次屢請保不許，乃於起訴後未移送前准保，是一老大脫卯。今判八年，受賄應七年，法官知法犯法祇加一年，不算重。書同曾語介貞，悔不聽介貞之言平慎處事，而宋在任時不妥之人曾向尤律師稱幸，或疑宋為檢察官，與尤得為聯手，今則寂然，而反佩尤為有識，可推見或有其他操守不穩之跡。宋為溧陽後起之秀，把至此位非易，而卒身陷囹圄，甚可惜也。余先在路上遇檢察處路上女職員沃懷珍，為婁主敬之妻，則稱宋之犯刑事為冤獄也。

十時許，余等坐車游南寮，先經空軍機場俱樂部宿舍、子弟小學，後經南寮派駐所、國民學校，乃在道左見一灣口，沙上停小船十數，另有小漁船兩艘亦擱沙上。在前南寮海濱浴場入口有崗哨，辛學祥先往洽，無效，仲翔繼往謁其小隊長李洊祥，軍校第十八期，貴陽卒業，許余等入內，乃得穿林道踏沙岸。濱海一眺，白沫一道捲如荷葉邊，自北而南，海景甚美。余曾至枋寮，亦濱海境界，比南寮為廣。回車抄較不平之馬路至香山，乃訪立院同事姜佐周，不遇，其庭園九重葛棚及芭蕉均豔。上，過榮譽軍人之家，新建屋舍甚多，云是新兵入伍宿處。上，過習藝所未入，仲翔上相思樹林，寬石級上為日本北泉宮能久親王露營跡，露營在明治廿八年八月八日，有詩碑吟七絕一首云「追擊功成……」，不知何役，昭和十七年新竹州知事鈴木秀夫所立。碑占新竹最高處，自此望海，白沫一線極清晰，新竹海遠望近覷，今日盡情觀之矣，十二時返寓。

辛學祥在少年監獄管總務，昨日下午曾領余往監獄參觀，地址在延平路，原為清代縣衙門。入內先為典獄長管理人員辦公室，用鑰啟門，見犯人自浴室內蹲地點名後歸號，號舍有玻璃一横縫可望，每室五、六人、三、四人不等。入後為工廠，紙盒、木工場、裁縫工場、竹工場，經菜圃，過一幢被炸房屋，乃過醫療室及調養室，則入女監，每室二、三人，皆非思想犯。轉入看守所為未決犯，盡處有暗室二，為犯監獄規則所住者。出，至監獄外辛學祥宿舍一觀，乃回。

下午三時起，同卜振海、王漢生打麻將，黃仲翔夫婦偶作替代，朱世楷亦曾來替代，與項蓉來陪余一回始歸。夜陳天任、平任赴台北，顧授書女寄名於陳石泉夫婦者來招呼客人，為余購橘兩簍，余以一簍送仲翔，請其分與中和鄉同院子各家。

1月5日　晴，台北霏雨

晨五時半醒，慮不及搭夜快車過新竹六時三十分者，乃復臥。七時起，出至城隍廟前一望，除豆漿攤外無可食可購者。歸陳家，石泉起，送余與仲翔夫婦至車站，搭七時三十分開行之汽車。上車距開行十分鐘，不及進點，乃購乾點心食之。車過湖口、龜山，風景頗美，桃園、中壢皆穿市，過桃園為水泥路，車行更穩，今日司機及車掌皆稱職。至台北，仲翔轉車回中和鄉，余與仲祥夫人上梅龍鎮食點，黃夫人亦歸中和。余於飯後，陳堃元來譚。出，至陳瞿梅蔭處，方因生日未至台中亦未及游草山，與其夫不歡，余解勸之。略行田塍，遇雨歸。夜食小黃魚炒麵及焦米粥，粥後即歸，文甥苦思想龐雜，錦帆苦之，明孫則跳躍不知。夜，張迺藩來囑書書簽。余檢查二日至四日來件，洪蘭友贈酒兩瓶，林在明、鄭明茶葉，劉象山烏魚子，朱品三、張百成蛋糕，周賢頌、曾蜀芳、余又蓀、何仲簫（魯存）、孫秀武、李向采、王培禮、方肇岳、肇衡、定一、劉季植、鄭克宣、陸世榮、洪亦淵、徐祖武、鈕長耀、俞成椿皆有片，曾來拜年或祝壽。

1月6日　晴

晨丁鎔清、侯佩尹來，佩尹擬在寧園請謝壽康，因同至張道範寓中。謝與張已同出，蔣碧微未起，園已布置妥貼，花木不能再加。歸寓講定九日請客，佩尹回士林，余至立法院會場略坐，參加請願辦法附在議事規則中較多數通過，余則主另訂也。出院，到中本取存單，今日又加入二千元，連梅蔭附加一千元為三千元，現票面為二萬九千元。又至中華書局為鍾鑑同人取利，利息請略減少，結果志崇客氣，仍不減少。孫伯顏出十元購滷菜，同人飲高粱酒同晉飯，飯菜蘿卜絲千張。飯後至紀律委員會送利，訪周王洵端，下鄉，尋俞良濟，赴香港，其夫人約朱虛白打牌，未成。余至鄭家，約澈來取橘，余攜餘橘給錢張藕兮，同王世圻、藕兮、郁佩芳打八圈。乃至中心診所，周賢頌請李石曾師及師母、俞俊民、李韻清、張九香夫婦及蔣處長，西餐特別豐富。餐畢周賢頌報告江南鐵路公司狀況，李石曾先生主開股東會改選董監事。余至李君佩先生房，覺其精神較好，晤其女及姪，回寓浴，浴後睡。

1月7日　晴

晨史組鰲於余未起床來，告謀事無所得，值祝兼生來，請祝帶史往裕臺公司，請秀松、洪軌為設法安插。黃曰昉來，同伊至母氏處略坐，十月廿四伊母生日曾來請余夜飯，余未及知。今日母女皆託余謀事，母宜在醫，女希望入中央日報。同入舊貨店看珠羅紗帳，索470元，議價未成。余至立法院，聽耕者有其田之原則論定，本日將推定小組委員。出，在中華路舊書店購到泰西三十軼事。歸飯，炸劉象山所贈烏魚子，食之味佳。飯後至沈瞿處臥，四時許曾散步北野，風大感身寒，乃返夜飯，吃炒小黃魚及鹹肉鴨掌湯。飯後搭車返，賀鳳蓀來借去泰西三十軼事，伊弟包音孝克圖赴韓為譯員，伊友丁爾遹山東黃縣人。

1月8日　晴

晨侯佩尹來，略飲白蘭地，為余送贈款與人。余至立法院，在財政委員會及耕者有其田審查會簽名。出，在永安取利，安慰朱鍾祺，並購衣料一段。謝次彭於飯前來，謂如不得外放，則將在台北久住。伊妻亦將自美國乘船返，談在美不比在法，在法無錢使用可借貸度日，在美則一日無錢，房東即將房客所有呼警察來拍賣，次彭此行曾一度遭此厄。平心論之，美國人均如此，如此人無錢別人亦照樣對付，無怪其然。兩年來既不讀書又不寫文，耗日力於生常生活，太太更怨聲載道。謝去，余在寓飲湯略飯，即赴記者之家三樓，同台大及師大教授歡宴胡適之先生。先生講傳記文學之重要，諸君可分寫北大生活回憶錄，越輕鬆越好，例如毛子水五四時自警察廳歸，失其一履，便是有趣材料。先生在民六、七二年無日記，民九後之日記在美國，民八、民九有兩冊在北大五十年紀念會作陳列品，留在北平。其全部著作約二百四十萬言，亞東想印文選，盧逮曾有一目錄，大體可以。章回小說考證約六十萬言，抗日時有人印刷，云普利市。同席約二十餘人，有人謂師範學校再有一講宜講紅樓者，有人謂不必再講紅樓者，有人謂應講治學方法帶講紅樓考證，有人謂先生宜作一文德穆克拉西與胡適。胡先生謂自四十自述之後，本思有五十自述、六十自述，值世亂未及為之，今後當再繼續寫自傳。余語先生科舉思想及做官世家，望予駁斥，蔣先生曾謂五四運動不愛國，宜向辯正。先生曰紀述五四之書所以重要，先生又云胡適與狄膺，捲簾格可俗對，又為余寫「邃思齋日記」五字，攝影乃散。回寓，耀姪婿正熟睡，伊於三日書云「明日壽辰，敬先道賀。文耀、錦帆、銘傳上稟」，似有捉住思想可能。余書撫生論飲二詩與雷寶華，寶華外出應酬。余為閔湘愁（秋心）題畫，董顯光為之在東京出售，已獲代價。余贈賀鳳蓀詞選，伊頗喜悅。飯時有煎霉豆腐及海燕湯，聞台糖減政，將於雷家少一工人，此外各職員省加班費，許多人不能生活。余在歸途擬戒睹，每月亦可省支出五、六百元。路過中山堂前，入祥生拍賣行，晤孫芹池夫婦。伊與儲君合資三萬元開此商行，舊時一店因不守信用，將人家寄售物當去，余切戒不許加帽子。其妻惠琴月薪二百元，天天到店。現平均每日可 3,500 元生意，如能做到 4,000，大家有利。芹池又言過陰曆年陳希平將到台灣，張翠紅在上海，傳楊子鏡、安妙興又得一妹。

1月9日　晴

晨曝被褥，至黨員大會，知耕者有其田一案，黨政關係會議決定原則，對原草案應不變更者六點：

（一）被徵收耕地之地主不分在鄉與不在鄉；

（二）地主得保留耕地，七至十二等則水田三甲；

（三）一律徵收共有土地，或照草案原則通過而酌予合理保留；

（四）地價以主要作物正產品全年收穫量之二倍半計算；

（五）補償地價以公營事業股票及實物債券各半搭發，如稍加改動，股票成數不高於百分之五十或低於百分之三十；

（六）承領耕地之農民負擔應不超過百分之四十，免徵契稅。

余以尚需參加業務會議，簽名即出。業務會議第六次，無甚要案。敵後工作來台人員，無論軍統與調查局人員，每月來黨部開坐譚會一次，余主祕密。又本會遣派往敵後，其眷屬准給生活補助費，逢春節、端午、中秋給五百元之慰問金。散會，余語郭澄業務會議討論案宜先由科組加以研究，應與其他組會研究者則先研究及之，勿讓他隨便提出。回寓寫聯額及「中央輿地協會」六字，尚好。輿地係蔣君章為其友李鳳椿所求，余作聯語云：

圖繪上尋古羅馬路；
叢鈔重續小方壺齋。

飯後至中華書局晝寢，陳嘉猷已歸寓，邱梁莫名其妙。四時歸寓待客，佩尹最早來，次王平陵、劉大悲、崔載陽。商文立同但君為主人，蘇雪林、劉懋初、謝次彭三人為客，道藩於碧微為陪者，但君到最遲，飲威士忌一瓶，彭廚 400 一桌。食已王平陵念獨幕小喬一劇，余主改為群英會，之後次彭講赴美生活困難，及美國緊張生活我人不慣。在宴客未全、次彭已到時，余坐沙發，忽覺手掌及五指麻木，既不能緊緊握拳，歷一方鐘病釋，不知何故。

1月10日　晴

晨劉文川來，譚為製枕衣套，兩面有日星一、斜條者一，余始棄許頻伽所貼秋葉枕套，而方肇岳為兄補白布作心者。文川受訓已畢，謝余鼓勵並予助力。次陳石泉來，伊又陪陳訪先游青草湖，余所書之件無上已張掛，訪先贊美無上，云新竹青草湖水利工程成功，則靈隱寺或圍於水區，鄰靈隱寺有十廟，或因水道交通而人得遍，余則確為風景區矣。無上與宗鏡相識，宗鏡抗日時住持花岩寺，余二次至重慶訪之不獲者，刻余「漏山雨後通天漏」詩入花岩寺者也。石泉去，余記日記時頭腦又昏。出，至世界書局送李鴻球姪鑒澄喜聯，遇李石曾先生及師母，余言里昂中法大學之應繼續，師云可作為稚暉大學之一部分，則不必說自由中國而態度自明，師又囑寫里大經過。與楊家駱君出至鄭家，以冷水裡頭，引鄭澈到寧園取十二、一月，兩月配給米。在寓飯，添一蝦仁炒蛋，飯後臥，臥起腦病若失。自寫靜江先生事略時有此感覺，天回暖而昨曝厚被，蓋之不快，病或因此，味經夫婦均囑檢查血壓。下午二時半到台北地方法院，為邵介堃、包鴻德公證結婚為證明人。法官致詞後，余略說幾句祝公證發達，實則儀式上頗有可商，秦啟文亦有意見。四時一刻禮畢，回寓攜銘傳外孫與錦帆姪同至山西館鍋貼。六時邵宅喜酒，周嵒與余同桌，余食海參及雞，即因余天民問明日紀念蔡先生在何地何時，自窗框跳出，頭觸木框致仆，未傷。出，至姚家同田伯蒼、俞君夫婦吃紗廠一整席，浪費而不佳。散席，同伯蒼走麗水街，余尋顧儉德夫婦，不在，知陸佑湘弟三月初將婚，住松山煙隔壁，所娶為台灣女有親生父母者。又講朱慕貞嫁劉季植，植久無事，慕貞所有蓄積半為人倒蝕，近陷於經濟困難，洪姥姥亦經濟困難。上海來信，吳仲裔妻萬復華小中風，係洪佩蕙來信云如是。十時余往王洸門前，一望即歸。劉象山來信，新年曾獨游關子嶺，吟七絕一首不佳。

接立法院黨部代電，對實施耕者有其田條例草案，本月九日第十四黨員大會接受中常會決議，在十五日前完成立法程序。

1月11日 晴

蔡先生在生為八十四歲紀念誕辰，余以八時前往，在北門園遇李翊民，車站前遇侯佩尹。今日在師範學院禮堂，先有人作國文講課，釋臭與昊之別，昊，鳥飛張翮狀，又說祇「抵掌」當作「扺掌」，扺，側擊也，講至興會淋漓處，以側掌闢空作勢，非以手掌相抵之謂。時與會者已來，講堂未散，諸人在講堂前曝日。會開，張翰書司儀，朱家驊主席，蔣夢麟報告中西學堂當年事，謂南洋公學即以團結論學生，蔡先生紀以孔子為中心思想，觀其題象，曰其為人也發憤忘食，樂以忘憂，若不知老之將至，可以知之。在西洋學說則採科學與美育，科學則主文、理科兼通，美育則擬以之代宗教，此為開風氣之大師，其道歷久彌新云云。次胡適之先生講禪宗史之新看法，以歷史演變觀點看佛學，云自燉煌及日本關於禪宗之經典逐漸發現，則知六祖壇經最古之本僅五千餘字，實際恐還須打一折扣。行思、懷讓五祖弟子。其未能得傳袈裟者為神秀，自襄陽迎至東、西二京，供張甚盛。而六祖弟子神會（七祖）言其非頓悟法（道生所發明），自有頓悟以定為中心，而包舉戒、慧，在佛教為一大進步，既簡單化而復中國化。此一趨勢至唐德宗會昌四年為遭一大劫，而禪宗以新的方式易於恢復存在，再一變而為理學，純中國而為入世的、政治的、社會的、經濟的。歷一點餘鐘，王亮疇、李石曾先生皆聽之忘倦。十一時半散會，余至王洸家食餃，顧儉德家食飯。臥至二時，同王洸、彭爾康夫人同至建國南路182巷三號羅剛妹處抹牌，余打四圈後，即到王家打八圈。在錢家飯，回羅家觀楊俊如，不至再輸，即捲俊如所贈舊坐墊歸。知鄭明以八時三十分望余，希余早睡戒酒。

1月12日　陰放晴，天氣頓寒

晨丁溶清來，黃曰昉來，同曰昉梅龍鎮麵餃，帶酵肉硝不入肉、顏色不紅者三塊，令伊帶回奉母及夫，伊要求二十日貸與三百元。余整理雜物，發現李漁叔壬辰十一月閒居雜詩五律十首，余愛讀之句：

琉璃大圓海，擎向掌中看，
賸共沾餘沫，何由拂釣竿。

又

姑將閒適意，略掩亂離情。

又羅志希以余生日，贈文彭山橋邊款圖章無正文，來書云聊當壽比彭籛之意。又黎國昌自香港中環擺花街三號四樓寄來六秩生朝感懷四首有駢序。飯時惟豆腐白菜湯佳，飯後趨佩尹處休息，約二月二日為酒會。三時至陳家，梅蔭以嘉猷雖回，不交一語，仍不歡，林太太、莊太太來，同作勸解。五時在松江路尋公路總局未得，至吳保容家，夫婦雙出。余送梅蔭上車回長春路，余至鄭家吃厚皮餛飩，李家瓊候余在鄭宅，送余回寓，堅請保重。劉孟衢來，余作解勸，伊聞余說周賢頌說伊成績平常，又惹氣憤。

胡適之先生講傳記文學推崇

汪輝祖：病榻夢痕錄及夢痕餘錄（汪龍莊遺書），紹興師爺記當時中國司法制度、宗教信仰、經濟生活。

羅壯勇公（思舉）年譜：打白蓮教，其實是百連教，一連十、十連百的祕密組組，寫當時軍事情形。

巴士德傳、林肯傳、趙飛燕傳、王陽明年譜、朱子語錄、論語、Boswell 記 Johnson 英國大文家的語言。

1月13日　晴

立法院以耕者有其田案審查討論需時，決延展至本月二十日。余參觀有墨軒書展，有婁堅、許乃恭書甚美。回寓飯，飯後至東來順參加立法院留法同人宴，謝次彭其弟謝建華先來，一桌吃涮羊肉，余一桌則否，次彭於席將散時來。徐漢豪邀余赴竇子進家麻將，竇、徐之外，計陳鐵、詹純鑑，四圈後五人輪打。余於十時回，竇家蒸雞及燉線粉湯甚美。今晨院會，李中襄祕書長同余說擬調施文耀為額外人員，每月領三百元，無配給，讓出此缺以便補人。余云有家眷，李則云亦可配給。伊請文耀請長假，否則伊作簽呈，余請李派一財政委員會人逕與文耀說。余書一條與文耀，不知見到否也。得胡秀松、洪軌書，史祖鰲在裕台謀不到事。韓端元來訪，未得晤，伊住許昌街七號。

1月14日　晴

晨候中國輿地學社李鳳椿來取字，久久未得，乃出外寄劉象山譚龍沾信一封、史祖鰲信一封，又到中央信託局投信二封。到台糖問蔣倬民周雞晨售山齋對聯在何處，乃到雷家還陸望之以香煙價。入中心診所探李君佩先生病，先生道謝，其女一號自香港來，上次問伊父病況是否較好，今日余又安慰之。至俞俊民家食炳先所作蛋糕兩片，覺過飽。走植物園，在職員住宅旁見新建木條貯花房，遇馬肖良於舊道台衙門，入內堂無神主扁對，三年來余以門畫門神作為祠堂者係誤認。馬君住處無自來水，其妻亦憔悴。過花圃李宗黃前以一元獻機借用之棚，獻機事畢，又以地方自治函授學校為名繼續佔住，此外公務員、警察佔住者亦不少。林渭訪懦不欲問詢，余不禁慨歎。出，至洪陸東家，伊自日本同李崇實回，言日本鋼鐵商因戰事復起，雖出貨成品較貴，尚能售出，紗廠商則無法銷售，紗廠商至不敢請夜宴，夜宴歌伎酒舞每人需約新台幣五百元，午宴百元已足。又譚書苑一百餘冊比書道好，書道內日本文幾乎無用。余同陸東至金山街廿一巷廿一號訪余井塘，井塘方赴行政院審查會，晤其夫人及子，與一似男孩之孫女。庭有聖誕紅，有一淺池，陸東勸養泥鰍，謂可吃孑孓，不可養金魚，致為貓攫食。出，與陸東別，余得附羅貢華三輪車至新生南路，余步行越鐵路，入忠園，本日北大同學王靄芬、徐芳、熊遐齡、周大中請胡校長，上桌胡師、傅俞大綵、毛子水、程天放、黃少谷、梁實秋、吳鑄人、盧逮曾、徐培根，下桌蔣陶正穀、樊際昌、錢思亮、成舍我夫婦、蔣燕錦（高仁山女，適林）、劉崇鋐（崧山堂弟，生於蘇州盤門）及余，惟林佛性未到。吃青酒，梁實秋飲六碗，吃忠園便宜好吃，菜今日認真燒彀量。樊夫人能飲，錢夫人記得余曾約伊打牌，王靄芬黑絨盛裝，徐芳清瘦，謂請余是伊的保舉，比較年輕體健為熊遐齡。胡先生談女精神病同學孟繁琪常往敲陳雪屏門，極難處置。余與譚將有龍門院校志之編輯，胡先生謂伊父年譜中記當時龍門書院生活狀況極詳，謂可錄記。二時散，余走長春路陳宅午睡，夜飯時梅蔭治菜，餞晏先生子入東港學空軍，嘉猷回同飯。余歸，知文耀得調閒消息，夫妻相對泣，錦帆自樓梯墜下傷足皮，文耀留學可否商量，過了陰曆年關再圖妥法。若留職減薪或保薪調職等，伊須住房一間靜養，云此病不可一分鐘不得所，否則即感痛苦，蓋腦筋最快一分鐘就可搞出紛擾，最可惡為敏感耳目手足之接觸即生出思想，因之不能做不用腦之忙事。如顧儉德所說之療法，或以別種嗜好替代如浦薛鳳法，余擬持商張院長道藩。夜祝毓來，謂李先生服彭俠中醫藥之後，今日又延德醫鄭鉌，謂將作內科治療。

關於耕者有其田案，立法院前述改名為扶植自耕農案，後經決定名稱請示總裁。總裁以七全大會宣言及中央常會皆稱實施耕者有其田，此案重在實施二字，名稱應不改。余曾見某君致黃離明書，云總理當日題目為耕者要有其田，要字下有許多準備，不是直率如教者有其校，商者有其店。余於博愛路遇孫桂籍，語之曰余贊成將行政院原案通過，非萬不得已勿予修改，若作二百五之修改，則將來後果不佳，行政院會說是立法院改的，若予通過，則無人不知立法院照原案通過的。例如中蘇友好通商協定，無人責備是立法院作主的。

1月15日　晴

晨至立法院，與李立侯譚文耀病狀，請其過陰曆新年再留職半薪，伊意則主改為額外也。下樓參觀傅狷夫斗方畫展，頗能空靈，且有畫寫得法處，與彭醇士渲染不盡同也。狷夫索余字，余亦求狷夫作直幅。出，至雷孝實處小坐，三樓再訪李伯繩，伊自日本歸，言日本戰敗，貴族、軍閥、財閥皆倒，天皇亦減少威信，人民忠君擴充國力之思想原極單純者，今變而為怨恨軍人，傷兵求乞認為罪有應得，不樂救助，對美國人心亦怨恨而口索經援。吉田內閣本自垃圾箱中尋出來，黨名雖改，而舊罪惡在人心，目其人久辦外交，知所應付，而無興邦。大略人民對共黨理論認為不足懼怕，甚至對蘇俄所云親善和平、獨立自主發生極大興趣之幻景，北海道各島俄共往來無法防止，俄機時侵日空，卅萬日俘放在日本後門之外，一朝有事，無法提備，言之殊為可慮。十二時余回寓飯，飯後寫喜聯，俞俊民來送靜江先生子張乃昌結婚照，並致張夫人朱逸民來書，謂現居之屋 32 Faneuil Place, New Rochelle, N.Y. 係去年購得，仗先生等熱心，國民政府紀念亡者給與卹金、喪費，此款逸民不願隨便使用，故購此以作紀念。乃昌娶楊氏，大學畢業，習音樂，無時下習，現居 Rohde Island。余寫字畢，候乾，送大鴻運張曉岩嫁女雪珍與吳宅，張君夫人瓜子臉，而女則肥圓。余與京士夫人、沈縣長元明及崑山陳君譚笑後，即至中華書局略飲啖。即至杭州南路 71 巷 12 號賀其燊家，胡秀松、周君亮、蕭吉珊、雷孝寔、李伯繩、洪陸東、洪範馳（軌）、林榮基、李□□，飲紹酒及翅席。陸東云紹酒罈應放於平地，不宜放在地板，地板搖動易致發酸。九時伯繩送余回，言于先生愛人沈氏自上海送子來，無所求而去，真可敬。沈與陸望之相識。李景蘧來閱書道。午間俞俊民來講季陶女歸東雲章子者，東家老派，季陶女拘謹，月須賠墊殊苦。

1 月 16 日　雨

晨至立法院，至耕者有其田聯席審查會簽名，簽名簿尚未來，稍待得簽名。乃至中央黨部參加業務會議，本日討論縣以下黨不公開，所定不公開細目類多做不到。余主請縣黨部委員來審查，眾以黨章所定，總裁所命，主備案，蓋將不顧行得通與否，余指為新具文主義。次討論持有共產書籍經核准者可，否則不可，有身分者可，無身分者不可，余以此乃自己閉眼不欲知敵情辦法，認為不妥，卒交審查，請治安機關來參加。次討論行文辦法，原案一律以中央委員會名義行之，由祕書長簽名，其原則為各單位避免對外行文，第五條設例外一、關於事務性質得用祕書處，各組會對次要及調查詢問亦得發函，第廿三條又列調查詢問各情形。徐晴嵐、李士英（河南尉氏人）、熊文銘（江西星子人，在廬山之陰）皆發言甚多。其精神實因有常務委員，而復指定祕書長為幕僚長，組為部之後身，既給以方印，而又限制其對外。總裁之意蓋拉住一祕書長，黨務惟張是問，不知歷史上並不如是，事實上難以兼通。問一人則餘人之力不集，終必力絀失當，此乃屬於黨體之研究，而非可以統一行文而解決之者。結果略修正而送工作會議，不知何人肯發言解此環也。十二時中型吉卜，小吳送余歸飯。飯後略臥，張伯雍來商吳縣一瞥之印刷，並言徐復人經營電影片，華致康棉布，夏伯祥裝水電，洪亦淵未移家，榮元結束時每人得薪一年，在商業場中如此優待已少見。三時出，至立委黨部換今晚鳳還巢戲券，余得二十排，贈中本工友往觀。余至國民大會祕書處，與施、王、吳、婁諸人閒譚。入朱家臥，王豐穀床閱周君亮一封難以寄達的信。夜飯晤朱、舒及張仲康，略飲白蘭地，進飯二碗，以芥菜梗為最美。飯後走南昌路，望大學書攤無所得，乘〇路回。

共有耕地問題中常會曾議決一律徵收，十六日第十次常務會議因台灣人民代表黃國書、丘念台、王民寧、黃朝琴等三十餘人向總裁陳情，因而重行決定三項：

（一）第五條第二款，耕地由父母贈與其成年子女者刪去（初步審查修正案已刪去）；

（二）共有耕地出租人如係老弱孤寡殘廢，藉土地維持其生活者，及因繼承而為共有，其共有人為血親、兄弟姊妹者得保留（修正案已如是主張）；

（三）祭祀公業及宗教團體得加倍保留耕地（修正案已如是主

張）但此項保留規定不適用於今後新置祭祀公業及宗教團體之耕地（中常新添）。

夜雨甚，不往立法院同樂會。今日見黃庭堅伯夷叔齊廟碑記，真書細媚，如係真跡，當係少年作品，與王長者史詩老迴不同也。

1月17日　雨

胡適之先生十二月廿八日在台東，講誨人不倦並不是自己不倦，而是教人不倦，怎樣教人家不壓倦呢，自己興奮啟發。孔子說「不憤不啟，不悱不發，舉一隅不以三隅反，則不復也」就是說自己有求知識之欲望，自己奮發，如果不能舉一反三，這種學生是飯桶。顏淵於我言無所不悅，子夏討論詩經，孔子曰「起予者商也」，是兩個好學生。又打倒孔家店是打倒自孔子至於程朱，學術上定於一尊。今日初傳上午十一時先生往日本東京，嗣夏濤聲云須下午一時半開行，余與飯後往送，晤熟人甚多，吳禮卿、王亮酬亦在送行。有一法國年輕之國會議員高斯來，順便余亦一接。

立法院審查耕者有其田條例，會場余亦往坐，聽李慶麐講出席中央黨政問題座談會，向總裁陳述要行新政，必先求得安定。台灣共有產業之來由係國人愛國，不願為日治時代之無業遊民，因而集資購地，政府擬案顯然對實際情形未調查清楚，因之公私共有之私有耕地得設例外，稱血親比三等親範圍為小。又今後宗教團體、祭祀公業不適用保留規定，為總裁之賢明主張。

下午自機場回，即到黃錢馨斯家，同探斗、羽霄打牌。晚飯時到李向采家，秀武又購備菜極多，且留余前日贈伊之酒與火腿，至為親熱。余攜向采、秀武合影一紙回。

上午在中山堂樓梯與林尹夫婦，林尹贈余中國學術思想大綱，於某書某學說鉤源提要，頗切實用。

1月18日　晴寒，有風

晨丁溶清來，正擬出外早點，嚴慎予在樓桐孫處得余址，特起早來訪。同往梅龍鎮酵肉麵、水餃、菜肉大包，以菜包為第一，各保留幾件與慎予夫人，慎予願重為報人，與余譚楚傖嫂生活等事。余歸，在水果批發店購柑十斤，略酸而鮮。余因謝次彭昨有今午赴士林之說。余至侯佩尹門，門扃，繞幼稚園至辦公室，知劉大悲入市時，總統將來禮拜，崗衛周密。余又繞至大悲寓，夫人方視燈下雞雛。余出，遇洪蘭友汽車，總統禮拜有無宗教信仰者隨班作伴，陳子仁則為侍候性質，最遼遠者為俞成椿，為陪同惕生先生之夫人禮拜，今日未見子仁與成椿。余回城，阻車於中正路，入中華書局，祇晤劉克寰與朱國華，今日全班隨江蘇第三區郊遊，燒飯阿妹及細身阿順上仙公廟燒香。余回寓，見劉孟衢夫婦攜三男來拜余，余又以別家生活困難，孟衢祇月用不敷，上慶重堂，下繁子息，既有配房，下得賢婦，此時準備英文，將來赴外國易如反掌。余下樓飯，劉氏一群歡笑而去。余略臥，到善導寺拜張忠道（性齋）周年，陳慧復謂係明日，贈余孝經講義，時安徽律師□□亦來拜。張以車載余西門町，送余大理街台糖幼稚園，笛聲已起，夏煥吹熟曲甚合，徐炎之咳嗽未愈，另有一少年朱其倬吹笛亦有進步，余聽水門、潑水為稔。四時探鄭明，臨產期近，而今日天寒，產則受凍，余頗憂之。余又至貴陽街裝甲之家，李鴻球姪鑒澄與黃愛新方行結婚禮，李石曾先生證婚。婚畢，余同石曾先生堂外散步，有孔德女學生卓東來妻，頗明慧。余坐徐漢藩、李玄伯桌，共三十餘席，留臺口為舞池，於此先見禮，西裝跪拜，拜起即致覲儀，觀者注意。上大菜時舞起，主婚夫婦與新夫婦二對先舞。余語玄伯跪拜與跳舞，中國社會均容納得下。余食包子後步歸，請陳嘉猷夫婦及姚志崇來食柑。今日往桃園大溪郊遊，天寒，人九十餘，汽車有拋錨者、相撞者，彼此互等待，大溪未往，僅參觀石門閘。余謂天寒不宜出游，人多不易照應，秦啟文則云欲費省，借來車，隨處求節省亦不舒服之一因也，今日姚志崇仍費二百元。

1月19日　晴

今日較昨為暖。八時走赴黨部紀念周，李士英作世界今年局勢之觀察，取材於蘇俄第十七次全共大會及蘇中美英法五強會議的擬議。謂氫氣及原子彈不相當時不會再啟戰場，如約略相當，則蘇俄或作先發制人之計，如先發而將軍事要地破壞，則民主國家或將吃虧。但蘇俄即不先發制人，僅用和平自主口號向中立國紆回，以覓取民主國家相互間之矛盾，使美國再軍備德國與日本，及以歐、日為東西兩兵工國之計均不遂，則以世界助民主國家之國日減，承售及供原料之疆土日窄。美國欲封鎖蘇聯之計未成，側重亞洲之軍事計未遂，經濟上受包圍而處被動，如此延長下去久必生變，故我必須靠自力反攻大陸，以解決此一難題。演說畢，主席吳鐵城先生認為分析明白，致欽佩之意。余至立法院，聽讀耕者有其田條文及報告書及楊寶琳之說明。歸寓，黃曰昉來譚。飯後再赴善導寺弔張忠道周年，鈕惕生先生以考試院為院長制，院長且為考試委員會議之主席，而院中議論甚雜，正欲與性齋商定，而性齋以一月十九日病卒，至四月而惕亦離去，辭多傷感。余行禮後觀家祭，為未亡人讀祭文，引其號泣，而樂人僅一鼓一簫，簫聲特哀。余倚柱徬徨，不能為懷，乃書聯語曰：

所謂治權，設院難將制度穩；
豈徒鄰笛，營齋不盡鼓簫哀。

余出寺，至秀武寓略睡，三時再至院中，通過第六條後，余至俞家吃蛋糕，韓同、陳桂清家小坐。六時半省參議會攤食，清酒汽水、炸麻雀、紅豆湯、燒賣包子、麵與餛飩各為一攤，客人持分配票取食。食已至鄰攤麵，攤人擠，余未取食，其狀如在孟婆亭畔也，如為園游而點食精美，時間放長，或再增趣。余至鄭家吃火焗，蛋餃、冰豆腐甚美。飯畢，鄭澈來取柑供明，明所食黑皮橘甜而乾，一元十餘個已自滿意。余今日曾與韓同女言高中卒業，擇人而嫁，不必升學，藉以取慍，如當年保泰街使李愍寶不悅故事。鄭母曰女學生貌美，追逐者不一人，自知矜持，婚前貞節可保，其貌寢者恐失戀，反不能保，恐亦有為而言。自陳家前有小弄通寧波西街，韓嫂曾引余抄近路至南海路五十四號。

余問韓叔和，何以青年為僧在各地者泰州人獨多，韓曰然也，泰縣、泰興、興化、如皋四縣，因貧窮多捨子出家。

1月20日　晴

晨俞士英來，同往長安東路底看一樓房，房大小兩間，尚敷光氣，顧環境不佳，鄰居若鴿籠，聲音亦雜，樓梯更為難走。又至和平東路三路盡處轉南，在一學校對門有新建矮房四間，士英以為極佳者，其實入內居住極不適。歸途遇廣祿等，余入立法院尚早，同凌英貞成孚食點，以雞肉餛飩為佳。院會討論血親、兄弟之外加配偶，得通過三讀，余離席。下午未往，至錢家略坐，至晏家，俞康來同打牌，飯後九時方回。

1 月 21 日　晴

立法院今日起休會，侯佩尹於余未起床前來送鄭夢禪所贈脫光半月刊，皆巴黎、好萊塢人物裸體，有臀乳極發達、手腿極長者。既而黃曰昉來，余同伊至顧家館求食鍋貼，鑪尚待生火，乃穿衡陽街公園入中央黨部。余見羅志希上樓，前日李韻清家喜事，伊曾約有話面商，余亦上樓，始知十時為國父史蹟紀念館地平分配，另闢中山路門，增陳列室設備預算，並附經常預算集商。郭澄來作主，建築十七萬，設備四萬，經常每月六千餘，財委會允於黨員月捐利息項下撥十萬，又要求省黨部撥十萬，不足之數由中央暫墊經常費，以募集基金方式撥利息充月用。會散，志希與余談台中改組後，卡片出數增加，及台北用款及工作情形，月底召開委員會議各節。余回辦公室，與楊、眭二君譚話，釋會中誤會。熊叔衡同余至台灣銀行三樓，向虞克裕講伊兄叔筠補正事，虞云無問題，但須稍待，余特為宋丹麗請提前任用。虞送余下樓，余歸，張鈞同蔣眉舒來，請為伊女尊萱與楊中蔣德宏子漢訂婚作證。王秉鈞夫婦來，未遇，留字送茶盃、襪、奶粉、糖餅。余略嘗偉大甜餅，右上牙作痛，不能赴立法院留法同學歡迎法議員高斯之宴。在寓飯，飯後略臥，常熟青年李涵寰為余槌胸。二時半走濟南路，社會服務處出席大陸救災總會理監事聯席會議，到得極整齊。余遇余祥琴，心中不快。三時余至中央日報出席監察人會，胡健中報告勉強遵行預算，如呷苦水。余以財委會太以營利事業責望宣傳機關，報紙已隸中央而繳贏餘，不能再加出他束縛，如各地社會服務所再要求承銷報紙，即為礙難遵辦之一事。又中央日報擬設文藝服務部，預算為四萬元，此事辦成收效甚宏，而中央核預算亦刪除之。余及天鷗均主送一意見書與董事會，再於股東會前董監聯席請中央各人來說說明白。余又陳意見，謂計工考勤對工人則可，對主筆則不可，意謂文字不可強求，三年不飛不鳴，亦有一飛沖天者。此外又討論以銷數分配台紙，中央日報不說謊，或將收老實人吃虧之果，殊無辦法。五時返寓，逗明傳外孫食橘為樂，今日自動呼余公公。六時赴老正興兩蔣訂婚，鐵暨南大學卒業，在鐵路局主計處工作，尊萱習護士，初入台灣醫院實習，兩年後得文憑，領憑之前不許結婚。余蓋印於訂婚書，結婚將在兩年之末。喜酒兩席，余桌張鈞、王辛寶、沭陽范君武進、洪君夫婦，張鈞之鄰為陳君夫婦，陳婦方氏住溧陽北門，為狄進堂之對鄰，今日黑絨，裸臂健肥，可入脫衣雜誌，余奇之。辛寶云方氏思想原有問題，陳在中統收服為妻，方幼時極聰明，在學校與其弟考試皆第一，其弟投共未出。又今日坤宅女主婚係眉舒之續娶，其幼女右眼為頑童無意間戳破，眼珠係假的，為余看出，幼稚生五官肢體之保護，宜有人講解也。張、王以車送余到長春路，尋梅蔭未得，余步行至錢家，啟文及王、李已上桌，余同藕兮走過鐵路，藕向台灣成衣取翻面短大衣，余歸。今午曾分餅與錢十嚴丈、王老伯母、孫秀武，錢、王皆謝余。

1月22日　晴

晨黨史會楊君來譚，瞿梅蔭來，同赴車站，乘九點二十分慢車至鶯歌，坐新三輪車至孫伯顏夫人處，為上午十時半啞幼子出水痘向愈，梅幫治菜。余出門轉右，走塘堤，觀台女洗衣。余擬自人家宅後上山，穿竹園茅屋，邊皆無通徑。下過茶圃，採茶花一朵，歸飯，紅燒肉蘿菔、胡葱豆腐、青菜油豆腐、肉圓細粉湯，皆余所愛食，飲陳五茄皮酒。飯畢，於座上倦睡，再臥硬板床，即睡熟。起而雇台車游大湖，車行山嶺下，風景比三峽線為勝。大湖有派駐所所員武進□某。余等自村道過中湖小學至東湖，至一魚塭乃返，歸途台車急行，殊速。歸孫宅夜膳，攜豬肉十餘斤，乘七時車歸萬華，送西門國校梅蔭，乘十二路，遇嘉猷亦來上車，余乃步行回寧園，知徐向行來尋。今日陰曆臘八，伯顏入晚回鶯歌，本擬煮臘八粥，孫夫人候伯顏未歸，余及梅以所餘飯及菜甚多，禁其煮粥，伯顏歸晚，不及煮粥也。余等自大湖回，吃煮山芋，係山芋以素油炸後煮燜，余謂加黑棗、豬肉及凍牛奶當更美。梅蔭今日曾提老菱燒肉，嫩菱煨湯。

鶯歌東湖紀游

台車何處最安閒，已是山間未是山，
一水盈盈雙鬢並，入山不遠又輕還。
放晴雨後喜難名，梳掠峰巒丫鬢清，
填滿疏林青隱隱，偶然一瞥足平生。
真境虛詞說得圓，雞雛梟母許登仙，
結廬擬並鋤犁老，塢裡山前塘半邊。

1 月 23 日　晴

晨丁溶清為磨墨，余為仰光建德社一百一十二年社慶，書「建德無極」四字。徐炎之來，囑為趙先毅謀受訓，余託伊寄戴恩沚、劉象山、廖世勤信，說二月八日前到高雄，八日為恩沚證婚。出，同丁君松鶴樓食經濟紅兩鮮，老闆來招呼，夥計加麵過重，反而不善。至中央黨部，今日業務會議停開，未發通知，余不之知。遇俞勗成，喃喃訴正中稽核無意再任，求為證券交易所監理官。余又遇姚振先，今年上半年有赴美希望。余至侯佩尹處，路遇劉大悲，鄭夢禪寄來之 hus 及 Pierre Louÿs

Les Chansons de Bilitis，皮立蒂為紀元前六世紀希臘人，羅氏所為散文詩幾全部假託，蓋有其人，人有詩名，詩久佚，羅氏之散文詩一千八百九十四年出版，膾炙人口，鄭夢禪所寄為巴黎Pantheon 精本。余十二時到徐向行家，同譚太太飯，出，同馮簡至十二巷訪徐漢豪，遇劉懋初，徐妻一目陷，今日始見之，漢豪病臍下有隱塊，余安慰之。出，至王豐穀床上臥閱散文詩，四時許曾至楊寶乾家，與其妻陳閒譚。五時半與豐穀閒譚，寬人一著之適意。飯時略飲酒，飯後抱雀牌回，見鄭澈留片，鄭明於今晨八時二十五分產一男孩，產時略施手術，幸大小平安。

新竹青草湖靈隱寺住持釋無上來，尋余於寫件上蓋印。今日余見楊寶乾齋中懸余所書王荊公詩三首，嫌單薄而媚。朱鍾祺見余為中央輿地學社所書招牌，在城隍廟左近。

1月24日　晴

晨董彭年來，囑余為之寫二條幅及□生牙刷塑膠廠招牌，十時畢。余往慰賀鄭味經夫婦，始知鄭明在內江街婦產科，晨七時主治醫生值班者不促伊起，結果露頭後剪九刀，又上鍵子，皆因誤事而受痛苦。余至錢家，述下午有兩處集會，藕兮堅留飯，王伯老贈余蔴糕，謝余關心伊之小食。余食糕後，牙痛久之。飯後余回寓睡沙發，文耀自余床起身為余蓋衣。三時中央黨部第三分組動員月會，余任主席，張壽賢主持討論。四時集洪蘭友寓，討論李君佩先生宜遵醫囑鋸去一腿，陳伯南、余幄奇、譚惠泉、陸匡文、馬星樵、吳鐵城均到。鐵城先生云宜遵醫囑保命，施手術後如何變化，不能多算。余謂徵得李先生同意後，報告總裁。蘭友謂一切聽命張西林，不必多商他醫。五時進麵點後散，余至錢家，李景藫已在。錢於客廳接出半間擋去西晒，今日完工，藕兮自濯地板，用力過多，余等打牌，藕兮心跳失色，急召醫而醫尋不到錢家房子，卒命桑圭至醫院候醫生，久之始平復。藕兮刻己向上，慮探斗外出輸錢，則邀余到伊家打牌，燒菜款客極為辛苦，余禁其拖地板，伊不聽，所以致病。與鄭明因省錢而入內江街中央印鑄廠特約醫院，皆心存體貼而受苦，余並憐惜之也。

1 月 25 日　晴

晨陳敏來囑寫屏條三件，姚大海介紹山西晉城縣黨部書記長史文裕來，謂史君在抗戰時在太行區任縣長、書記長、食糧局長等職，此次入台核准較晚，囑予以救濟款，余允明午給款。張懷九先生來商汽車作為余名下所用。余寫字一切極亂，甚不恭也。九時後同陳敏、陳嘉猷夫婦梅龍鎮食點，以餘件贈敏。余同梅蔭至戴軼羣寓，軼羣今日六十壽辰，壽堂設在莊宅，午麵，特為余備飯。下午在凌寓打牌，夜台灣銀行一席，余臨食齒痛，臥床休息。十時牌散，凌家阿婆備粥，余粥後方回，知賀鳳蓀、賢賢帶丁爾遹來請安，誤以床上睡者是余。得劉象山書，謂南部近來天氣清朗，晚來明月又麗，望余早日前往。

1 月 26 日　晴暖

晨丁溶清來，同余成孚食小籠包及酵肉麵，麵及肉皆無味。余穿公園入中央黨部，葉公超方報告，出席聯合國取積極態度，附庸主義動人攻擊中立國，得美國同情袒助弱小民族，雖英、法不盡諒解。於本黨主義作鮮明主張，雖舊有保僑顧慮為我灰色之原因，此番也不管他。關於韓戰不能打過去之情況終需打開，現日匪侵越南，越南亡失則泰印、印尼皆受影響，東南亞立即大變。美人時來考察，對米糖生產極注意，不盡愛觀我之軍事演習，謂陸軍可作為我之本錢，但在三次大戰中僅能做一、二種任務，海軍還須練習出海，空軍則須大量飛機。葉曾向杜魯門索舊所允援而未運到者，杜允照撥云云。葉又講美國做情報者人多經費足，對蘇俄及中共所知甚多，任美國情報員之白俄及自蘇逃出之人有四千餘名。說畢，李石曾先生語張道藩，吳稚暉先生堅不願開刀，亦不想往美國。余隨道藩車赴陽明山，過士林劉友琛亦附車。十時入後草山公園，杜鵑初開未盛，有桃花、碧桃、櫻花盛開及方開者，以臨池一櫻紅殘滿樹，落英浮水面最為美麗。余等談有人謂胡適之贊成無記名投票，是立法院中人向胡提起的，而行政院中人不慊於胡說對行政作合法之制裁電價及耕者有其田二案謠言者，謂立法院將憑此兩案倒閣。立法院外交委員會主請張岳軍演講，有人指為捧張，張往行政院訪陳辭修，辭修送之階前，曰後次先生送余於此，張亦懊惱。如此極大危時，而小兒見識、婦人口詞皆騰，諸院與院間亦不祥之一也。辭修不樂立法委員多得薪，因加工而得額外，甚而提及三年前之房屋租賃費曾訟於總統之前，道藩辯之，故每以合法、合情、合理為言而戒同仁，以耐苦少取，於袁其炯之搜分主張請其慎重。十一時聯合紀念周，讀三民主義哲學觀點「新認識」現階段提綱。十二時散，余回寓食麵，秦啟文生日，陳辭修亦是日生。飯後晉城縣書記長史文裕來取補助款。余料理蘇松太事，問新蓬萊、梅龍鎮，三十日下午皆不空，乃借冠生園。丁君助余購信封、刻橡皮戳、印通知，夜飯時余攜至味經家，套二百份，請鄭澈寫寄。今日明及嬰孩皆有熱度，余慰之。飯後尋錢馨斯不得，乃回。

陳雪屏家藏金瓶梅，曾以語余，今日袁企止送來，稱李笠翁先生著，第一奇書，係張竹坡評點本，有康熙乙亥秦中覺天者謝頤題序，書每本前後有桃丹紙襯頁，余疑是廣東版，內容略同日本印之多妻鑑，多複頁及錯字，為淫書於匆忙中訂就之常。余戚浮橋王氏藏有抄本金瓶梅，借與先君，先君卒後余在櫥篋中未得是書，余家貯書處多，難以發現。此書不但於社會病態、市井官場寫得極細，且保存婦女苿刻口詞甚多，即在性的發展亦為世界一寶，詢第一奇書也。

1月27日至31日

【查無原件】

雜錄

錢宗淵所開東京地址：林可儀，新工程公司總經理，京都千代田區日比谷公園富國ビル 416 號，電話 (23) 5127 號。

史祖縈，信義路二段 153 號之二。

韓端元，台北許昌街七號。

蔣眉舒，松山玉成路七七號，聯勤第六十一兵工廠，松山 109。

陳友義，Jan Yu Gui, No. 1009, F. Ma, Guerrero, Manila, Philippines。

淩念祖，基隆市仁二路 131 號，中華海員總工會。

戴天仇，臺中林森路監史巷一號。

陶一珊，羅斯福路一段 147 巷五號。

滕傑，寧波西街四十巷五號。

洪蘭友，新生南路一段 161 巷 34 號。

徐恩曾、費俠，士外外雙溪福林路 422 號。

陳獨真，雲和街 77 號。

謝健，台南公園路十五號。

黃天鵬、盧小珠，和平西路一段 78 巷 2 衖 21 號。

楊肇熉，廈門街 99 巷十二號。

李崇實，新生南路一段 170 巷十三號。

竺鳴濤，泰山鄉黎明村半山雅三號。

閔湘帆、仝道雲，泉州街三十七巷四號。

葉寔之，信義路二段永康街廿三巷廿號，妻朱淑文。

桂永清，重慶南路三段十三號。

李嘉有、蔡香芝，香港新寧道十一號二樓。

成惕軒，蘭州街 261 號，考銓月刊社。

奚復一，中山北路一段三十三巷內，四二九七八。

潘公弼、趙含英，臺南四維街廿五號。

陸翰芹，中山北路五十三巷廿四號。

朱虛白，泰安街六巷四號。

張希文，中山北路一段140巷五十號，電話四二六〇二。

孫芹池，安東街四百巷廿三號。

周德偉，新生南路三段16巷一號。

薛岳，台南青年路七十六號。

陳建中，瀋陽路一巷十號。

姜超嶽，木柵中興村。

武葆岑，和平西路二段104巷39號。

曾祥寬，新店鎮七張路22號對門，監察委員。

陳逑經，新北投公館路十三號。

陳宗周，和平西路二段104巷竹園一弄三號。

張祖同，苗栗中山路三十二號。

王民寧，羅斯福路一段五號。

楊愷齡、鄒馨棣，台北潮州街六十二號。

王一之、張國魂，彰化縣黨部。

喬廷琦，昆明街136巷二號。

林錫鈞，汐止中正路231號。

王星舟，晉江街130號。

蘇馭羣，重慶南路一段三十號，台灣第一商業銀行。

李揚敬，台南進學街廿五號。

李鴻儒，嘉義民權路202號，希白寄廬。

徐世良，台中五廊巷五十三號，張。

余梓唐，中壢中學，高中三民里，初中五權里，校長室舊明里。

蔡奕文娶程筱妍，一月十一日下午五時蓮園，淡水車站。

邵權，介堃父，江南汽車公司副理。介堃娶包振楣女鴻德。

李鴻球，重慶南路一段 99 號，姪鑒澄娶黃愛新，一月十八日下午四時貴陽路裝甲之家。

余又蓀、曾蜀芳，和平東路一段，溫州街內雲和街 120 號。

王毓傑（漢三），河南人，中本工務主任，重慶南路一段四十號。

鄭克宣，防護委員會祕書，9839、8436。

張星舫（炯），羅斯福路四段四十八巷一號。

孔德成，台中復興街十六號。

張耀明，廈門街 99 巷 32 號。

James Branch Cabell，尋妻記，*Jurgen*。

James Joyce, *Ulysses*...。

D. H. Lawrence, *Lady Chatterley's Lover*，陌上春濃。

羅象清（淦青），博愛路文化招待所樓下七號。

楊念祖，自立晚報經理，成都路十二號，6747。

王士勤，44247，重慶北路二段三十四號。

朱育參，杭州南路一段 21 巷底，糧食局隔一家。

鄭夢禪，越北河南福建街二十六號，四友空運公司。

Mr. Tchong Mon Simie, (1) 26 Rue Phue Kien, Hanoi, Nord Vietnam.
(2) 6 Guan Chanh (Grand Boudha), Hanoi.

徐勗繩，重慶南路兩段 24 可樂美食品店，泉州街，住和平西路二段七十巷卅弄一號。

李徵慶，桃園南坎五福村二百五十五號。

周肇源，託為羅東中學教員沈華瑞謀中央日報羅東推銷。

宋丹麗，述樵女，東吳校花。述樵託向虞克裕說成工作。

洪醫生，和平東路寶隆醫院。

崔載揚，新北投新民路康樂里五號。

顧授書，詔安街六巷四號。

袁張麗英，女袁梅珍，子袁克儉、袁克成，為袁國樑（住新生南路一段 161 巷 34 號，靠火車軌道）之妻，朱品三囑作入境擔保。

陸惟榮，南京西路十八巷六弄一號。

許聞淵。

羅淦清。

周賡昌，諸暨人，立法院簡任祕書，同居伯均來候。

朱志東，溧陽人，十二月初同尤介貞、芮逸夫來候。

顧廠長筱園，興台印刷廠，3317。

胡祕書陶庵，台灣省黨部，2693。

紀律委員會，5151。

俞俊民，廣州街八巷二衖四十號。

傅緯武，字志英。

周達三，長安西路三十巷二衖五號，朱璠如寓中。

朱佩蘭，7944。

萬華廣和瘋醫院。

俞良濟，8059。

顧授書，字緯亞。

沈壽明，香港九龍荔枝園 154 號寶倫紗廠。

錢桑圭，建國北路十五巷廿一號。

楊天毅，山東人，任振中印刷工廠經理，工廠在安東街 216 巷一號，辦事處在開封街一段卅四巷八號。該廠定共五十一萬，定私人 25、正中 12、自由青年 14。

廖世勤，祕書，屏東林森路山林管理所。

梅鍾茵，梅必敬姪女，十二月十四日適陳潘瑛三男大祥。必敬現在民航空運隊業務處。

馬玉峯，黨史會工友。眭雲章，黨史會科長。

羅志希電話 7542，眭雲章 5233。

香港九龍上海街七十號樓下廣同春藥房，轉崔龍文交北大同學會。

航聯招待所，廈門街 99 巷 35 號。

左白濤，湘鄉人。

於升峰，漢口街糖業公司工程師室。

陳含光，雲和街 117 號。

陳忠緯，和平菜場東首陳忠緯醫師，含光姪與晝三財政部同做醫生。

楊毓生，台中市西區溪邊巷四號。

顧授書，詔安街六巷四號。

新蓬萊，在成都路 48 號。

馬靜珠，凌廣興來請致函楊輝。

梁宗一，妻梁曹金梅。

項蓉，新竹南區土城里平民巷 48 號。

丘威震（維正），台北同安街古榮巷三號。

劉懋初，字德餘。

陸白岳（惠林），台東卑南山雷達十九分隊，台字一〇一九號信箱。

復興書局，懷寧街 44 號，9222。

林王少華，長安東路一段 25 號，電話 2517，紫貴妻。

吳裕民，暢流總編輯。

熊叔筠，叔衡之兄，7103，原任中國農民銀行總處甄敘組長，代理人事課長，現在台灣省銀行任臨時行員，請改予正式任用。

李佩賢，張伯華妻，瀋陽路一巷三號。

鍾裕光，西貢塔西尼元帥街 156 號。

胡倫吾，黟縣人，台北市興寧街九號，臨時長工。

郭慶元，C. Y. Kuo, Sun Yat Sen high school, Iloilo City, Philippines。

周毓浩，九龍炮仗街一四二號，立基搪瓷公司。

鮑尚文，永康街八巷六號，辦公在公園路六十四號氣象所總務科。

朱世楷，新竹南區土城里平民巷 48 號。

鄭夢禪，其子來台，與安南前王天武王為好友。于、李、張、狄。

錢錫元，高雄市中正四路 44 號，貿昌交通器材行。

周賢頌，杭州南路一段 111 巷十一號，7179。

狄介先，台北市杭州南路一段卅三號。

楊有壬，台北錦州街 38 巷六號。

楊有，台南健康路鹽務總局。

鄭德順，省立彰化中學。

朱錫璇（璠如），民社黨員，中華路 82 號，南生企業有限公司經理。

朱鎔嫺，西寧南路 291 號。

金信民，懷寧街 106 號。Nordini Company。

黃倫，律師，和平東路三段一號。

中華書局，43237。

卜少夫，香港德輔道中 149 號四樓，新聞天地主編。

謝紹竑，宜興人。

劉哲民，中央日報總經理。

馮用，博物館研究員，電話 3261。

居叔寧，Miss Sue-Ning Chu, Barat College, Lake Forest, Ill., U.S.A.。

吳德遠（伯揆），南陽街三十六號，九七四九。

田美棠，最高法院檢察官，子田濟桀。

俞文淵、文立、文彥，良濟子女。

葛建時，台字第七一二五號信箱。

俞良濟，電話八〇五九。

張篤倫（字伯常），電話 3355。九月廿六日贈余五磅熱水瓶一個。

2月1日　雨

晨起，思今日為南洋中學校長王培蓀先生追悼會之期，於床上吟成輓詩，走請陳伯稼、仲經正句。仲經為改第六句「清樓」為「書樓」，「危」韻為「嵬」韻，福建人捉句極工，余雖討厭過工，實未能達整齊境界。在伊家食燒餅、油條、稀飯，兄妹殷勤留飯，至為可感。歸，至鐵路局寫輓詩。

輓王培蓀先生　四十一年十二月十七日病逝上海

乍聞比海尊眉壽，忽又頽山紀此哀，
畢世精誠弘教育，一時英俊荷培栽；
鄭玄經室黃巾懾，管寧書樓白帽嵬，
我自龍門久欽折，南洋新學仗公開。

余又為龍門師範同學會書「經明行修」四字。禮堂遇于右任、王亮疇、鈕惕生、劉泗英、戢翼翹、莫萎卿、衛國垣（王之妹婿）、程滄波、秦景陽（王之表弟）、黃振玉、羅時實。時實與張曉峯同學，問余曉峯如何。余答以黨的中樞而言，基礎太小，不彀集中人才力量，以中央黨部而言，常務、評議尊作神主，各處組會位列二級，副祕書長並不算數，以著述言，太覺隨便三點。余又遇陳惠夫，商周佩箴周年誦經事。追悼會行禮後，有周開基講培蓀先生生平，鈕先生書「滬學倡導」並為跋，云上海自張敬夫先生後，培蓀先生即以私塾改良（育才），而入南洋公學為高級師範生，自後專辦南洋中學，五十年如一日云云。家屬答謝時，有適曹白頭姊掩面而泣，此為妹在台灣哭兄，引余淚下，余穎姊壽祇六十三也。

歸寓，知葉寔之以八時三刻來，黃曰昉來，見到林在明亦在，告鄭明身體很好，今、明可以出院。路平甫來告高雄已準備余往，並邀參加九日通車典禮。

在寓飯，飯後至青年會尋謝壽康，不遇。至中央日報社，今日為二十五周年紀念日，集網球場，攝搖頭影片，雨絲濕地，參加者寥寥，其實攝一十或十二寸已彀。蛋糕、糖果款客，有送花籃者。余發討厭記者欺侮人、欺侮國家、不守秩序各說，說與李荊孫、陳訓畬聽，詞亦出於褊急，希望記者中有注意及之耳。二時半入郵政局參加崑曲同期，聽折柳、琴挑、十面、寄子、拷紅為悉，食麵包後始出。俞良濟自香港歸，攜雲南火腿，常州糟僅敷一次，請客邀余三號夜飯，余已允杜逢一先生，分身困難。歸寓，錦帆曾往浦逖生家，知靜室不易尋，明孫極活潑。余至中華書局，略飲酒，飯兩碗，有阿妹做燻魚甚佳，余託伊做十元。飯後見陳君之女友，余略臥後歸。諶忠幹來訪未晤，無上來取寫件未晤。

中央社王介生為攝余半身坐影，面部右半面陰黯，見者稱美。

2月2日　雨

晨至中山堂，聽黃季陸講實施耕者有其田是繼三七五減租後必要措施，農人既有了田，足以刺激生產，保留三甲具有妙用，地主亦在保護之列，而目的在使耕者早日得田。至出售省產目的在將來產生較新、較合理之省產，舉蒙古老人有馬十七匹，遺囑長子得二分一，次子得三分一，幼子得九分一，如呆算無可分，而鄰翁借一匹來變成十八匹，長得九匹，次得六匹，季得兩匹，加起來為十七匹，鄰翁之馬自可依然牽回，取以作喻。十時散，余購食物，到立法院報到。飯時秦啟文添炒蛋，飯後至侯佩尹處食包子、飲酒，祝梅影生日。五時返，謝壽康來譚，謂所謀有望，宜稍待，謂繆塞集中有捶楚描寫，謂世界和平之後各民族展其所長，寧非至樂。六時余至鄭明家，昨已抱兒自醫院歸，述院中新生種種笑話，余贈明朱國華送來燻魚。夜飯後林在明來送款，俞士英來槌背。閱報，青草湖水庫昨開工，朱盛淇云一百年前青草湖是一真湖，保護此湖之一小壩年久失修，故壩毀水枯，日據時代幾度想恢復未能。今擬在客雅溪下游河谷之間作一百四十公尺長之土壩，集水面積將達三十平方公里，滿水時可達二十五公頃弱，可溉水田六百公頃，將來可自寺塔憑眺湖光山色。新竹如變成工業都市，此湖可作為工業用水之泉源。蔣孟鄰先生夫婦曾往參加。

2月3日　晴

晨至中華書局為鍾鑑取利，姚志崇囑購鹹板鴨，及余至中山堂前購鴨，王豐穀外甥陳世德正購鴨肫，堅不要余付錢，余又吃了別人。十時參加總統府月會，雷法章報告職位分類，鄰座政務委員王師曾，曰月會所報告祇要說得總統愛聽。余作諧詩曰：

挨光部長初上台，聖諭廣訓講出來，
職官分類計酬報，預算增加更費財；
美英日本都提到，中國制度看成灰，
多叫總統總統喜，總統認定是人才。

許靜芝亦謂多叫總統，不免肉麻。出，至中本存款寫詩，與陳含光先生在中華總處寫軸對與孫（鶯歌西鶯里陳世塗）周房東活九十歲者，老人三子業樂，四業芳，六業德，孫熾墩，長曾孫文磨。飯後至杜逢一家，同杜及鄒競、王豐穀打牌，食肉粽味佳。六時半至俞良濟家，陪吳南如、朱虛白、雷孝實及王娘舅宴，雲南罐頭火腿作雞火麵包、常州糟扣肉、火鍋、汆糟魚、菠菜，以清蝦中酸拌香菜為最特別，盡馬蒂兒一瓶，啜粥後再返杜宅。十一時完牌，又食蒸餅，乃返，至夜三時後方能睡熟。

2月4日　晴，夜雨

晨俞士英來，請七日晚吃松鶴樓喜酒，余送禮一分，辭往叨擾。侯佩尹來助余寫對，伊背陳雲伯「白榆種作相思樹，烏鵲填成宛轉橋」，余書與戴恩沚、李曼蘿。適李謨楝來訪，余同侯出暢流，索五卷一、二期載佩尹學詞經過，余介紹佩尹見周賢頌。八日江南鐵路股東會，余託佩尹為代表，賢頌惜余不在場。出，至孫秀武處，贈以狄慧齡再寄來之香腸。隨至中央黨部送利，紀律會中人正開業務會議，余至黨史會辦公室，託眭雲章列席業務會議，致郭澄書說明余往高雄。祝兼生告余朱騮先胃潰瘍入中心診所，余往見，呼余謂上刑罰極度痛苦，蓋昨日打鹽水、葡萄糖各一千西西，今日通管，將胃液完全抽出，真是痛苦。騮先曰做人不好，致生此病，蓋於私生活頗生悔意，蓋內藏病與行房震動有關，朱低能而多動容是致病之一因。余晤朱謙、朱毓麟，皆憂形於色。謙云病起時打嗑，平常打針可愈，此回自月會歸即嗑吐，足見勉強。赴月會者有人，余勸騮先忍耐而出。又入李君佩房，顏色轉正，且無寒熱，謂西醫有此快舉，割時不痛。余認為人生須具大勇，赴死之外為與病奮鬥，余所見汪東、陳果夫皆勇士也。中午孫再壬生日，余赴中華書局食麵，略飲酒。瞿梅蓀病傷風，飯後即歸長春路，余於四時許欲往探，公共汽車不巧，乃至賀胡光炳子入贅章鶴年喜酒，共計三、四十桌，多中央黨部中人，余略演講略坐席。出，至張懷九先生家飯，談儒者執法以詳刑為主，如得其情，則哀矜勿喜，決不是簡單定罪於法條拉得上便了。又云俗語云「錢財細故，人命關天」，此是我國重人生、輕資本之民間傳說。飯後張大世兄駕車送余回寓，云俞鴻鈞不解銀行利息減低，暗息還在六分，物價不減之故，此為需要與供給不相應。余謂獨苦了公教人員節約儲蓄，藉利息濟助人之輩。在樓上閱黃山谷謫居宜州生活。十時老黃送余到站，高副站長陪余譚話，三十分上三等，下鋪九號。午間梁慧義來，以節約所得二百元貸與之，三等臥車票衹十八元，盛松如為余購得，亦節約之一法。

2 月 5 日　晴

晨醒，方停台南。三等臥車之缺點：（一）眠床大窄；（二）三樓床空間太小，豎身弗直；（三）弄堂太狹，過身不得。七時後抵高雄站，黃壽峻來迎，乍晚在台北用電話通知者。峻引余貴賓室，正修理抽水馬桶，成臭賓室，急易至站長室洗面。見天棚正易臨時遮雨板，板係風災所壞，早應修理。入餐廳早餐一客，毫無是處。遇林直忠。坐吉卜至中山路五十七號鐵路局材料管理廠，三層樓四間，高振宗以四萬元購其半，六千元修理屋頂，以枕木邊木隔成小屋，修理一新，其另半今值二十萬。高君安頓余在三樓伊臥房之外房，余即坐吉卜，在房右之林森一路尋戴恩沼沚寓。入門，沼妻唐即云鑑伯來，余添一菜，請留中飯。余見其面體皆瘦，精神興奮，知其有身之外，又有氣鬧。據其所訴，恩沚說伊打牌，而打牌實不計輸贏，贏得錢亦吃掉。恩沚又病伊賣弄受胎，恩沚曰曷不脫褲與人家看。唐說至此大哭，李曼蘿在旁，但責恩沚脾氣大壞而已，余慰勸一番而出。至汽車站，已煥然一新，乘十點十分鐘至鳳山縣黨部與劉象山晤，與高雄縣議長陳清文晤，其人兼水利主任委員，謂縣田七萬甲之中，與一萬三千甲興水利較難，正在設計克難中，其中又有最難者約三千甲。余問以耕者有其田，伊有田七甲，應失田四甲，伊云無問題，實無人力種田也。陳去，余入象山房，為伊改憶內詩兩首。十二時上河北館樓上，盡小瓶高粱，食菜三道。食已縣議會車來，至屏東山林管理所探廖世勤病，伊經丁農介紹高雄董醫生診視，血壓減退，已能起床行走，近因傷風健康又退步。余往，伊臥床，兩眼圓睜，伊夫人黑瘦，述在屏東無人照應之苦。伊餘房借一女職員。世勤病足，不良於行，山林所同事為做一手推滾軸，余往軸剛送來。二時許，余得山林職員羅吉日指引，往游其轄境里港所屬之三地門。里港在屏東北，小汽車四十分鐘可達，余等先在屏東加油站，不持配給證請加油，說了許多好話，提起了與凌鴻勛相識。車自公園側出市，過一公路斷橋，車涉水而過，沿堤向北望，前面高山下有一條石城，平岡天成，頗為奇特。上堤過南溢寮溪，溪正半有水，車又涉水而過，溪上游有一水缺口，其對岸為水閘，跨閘建一橋。至此車上山，山路以細石鬆鋪，勉強行車，坡度頗陡。上至望見河床之處有三地分駐所，作入山登記，每人收費一元。山民皆走山坡層上，背負肩挑均由此上，余等仍坐車。走林蔭道，所植為相思樹，車停三地鄉公所前，晤鄉長歸順義，係高山族，為南部屏東三地遊覽地委員會主席，謂立法委員來者余為第二人。引上三德查驗站，有湖南、安徽兵三人戍守，至此不能再上，則走黃泥小路至警察派駐所晤翁海水。觀簡單地圖，知南溢寮溪南北流，三地在溪西，溪之東為馬家鄉，達來村在三地村北，越高山自霧台行兩天路則為台東。所前有石柱標寫日文，云至木台十八公里、託本十二公里。有一休憩亭，亭正望屏東糖廠，煙突旁有手搖警報機一架，自此下土坡則為村舍，高與人齊，瓦、牆、床、地平皆以石板為之，前有窗洞，可望屋內，亦殊清潔。屋之前為糧食儲藏庫，各家一律，其形如畫中之水閣，四面皆閉，四短柱為倉腳，腳之靠倉處有圓石板扁平套腳上，云藉以防鼠，石滑鼠無託足可能，亦是妙法。歸順義之家係磚瓦房，紅牆圓柱，鶴立雞群。又有小學校長潘順來家亦瓦房，潘為屏東縣議員，室懸獎狀兩鏡框，一為增產有成績，二為模範戶，壁上又貼總統手書「忠黨愛國」四字，係親筆。潘妻生一男一女，皮膚雖黑，亦健美。有親戚老嫗裝新竹糖食兩盆款客，年五十五、六，而比余為老。余撩衣示潘妻以綢緞，答云如此好貨，尚未見過。臨上車，歸順義選石板一方贈余，作為紀念。車發未遠，有土人求載至溢寮溪，水際乃下車。過屏東仁愛路，議會後有律師牌，余以為監察委員會同事開業，下車詢問係一有鬚胖子，係泉州人，與另一林啟正相識，云此人在大陸未出。車至鳳山中學，伍勁甫方整理學生成績本子，校長室在新樓下，新樓工程經費已粗了。入勁甫家，已為我整備宿處，其子女聞余至，布置異常起勁。飯時有譚龍沾夫婦及淮安杜先生，菜有洋鴨，鴨湯佳，另有廣東燒魚亦佳，既有鹹蛋，又有紅燒肉加豆腐。果飯後劉象山來候，龍沾夫婦邀明日食餃子，辭之。歸高雄，夏玄、冰如、侯雋人、徐步青來約六日下午郵政局新廈宴會，余辭之，允七日中飯。侯君病膽石，云以手槌治有效，並謝余伊在病中余所與之精神上及經濟上之援助。侯君現日面紅，鬚髮潔白，生機飽滿矣。

2月6日 晴

晨至戴家晤恩沼、恩沚，向恩沚開說，謂婚後便應尋房他遷，免得嫂氏氣苦。回寓，同高振宗赴三六九蝦仁麵，兼食大包，味均不佳。回寓，車至半途，黃壽峻坐車來接，至岡山轉燕巢線，車行塵土中，將至燕巢路，左有阿公店溪水利管理標誌。余車先上堤，堤廣而高，中有崗亭，一警守重要工程：（一）為溢洪管水閘，水庫狀如八角亭，係工礦公司營建部所建，水自上入；（二）為灌溉管。水岸涸出頗多淺灘，鄉人家於溪岸者今遷較高處，樹木未植，水景已可珍愛。堤盡為山，為海軍庫洞，余欲明其大概，下堤入辦公室，朱主任不在。余見有昭和十三年八月一日阿公店溪治水計畫圖，係高雄要塞司令部總務長官森剛二朗所製，又見土壩分期施工圖，則知此項水利日人所計畫，而近年方完成者。飲茶後，余等離去，駕車者云如到溫泉，則汽油不彀，余等見一公共汽車方來則追之，至燕巢車折回，自燕巢再東北則為至鳳山之線。余等乘縣公共車返岡山，入市在小北平飯，廚房蠅飛地濕，食畢咋舌。十一時乘赴阿蓮車，面小岡山、大岡山而橫行，兩山並不連接，小岡山祇一碉堡，大岡山有寺塔四、五處，山盡入一小市，則為溫泉旅館。休憩室四、五間，廊坐籐椅啜茗，下坡為男女浴室，瓷磚已多脫落，水為有益於慢性皮膚病及胃病之飲料，及浴用泉係用炭火加溫，余浴覺甚佳，惟設備已破舊耳。余得枕被休息，二時同壽峻出旅館，走山道，竹樹頗高，每一小谷樹森立約十餘種。余等尋一弔橋未得，至一三叉路為田寮鄉農會，有公用倉庫及汽水，余尋得廁所大便即折返。上兩點五十分車回岡山，換四點鐘快車返高雄，直上大港埔，回寓寫日記。六時半黃壽峻請上四川味飯，路平甫、夏冰如、羅蔚華、高振宗、鄱陽史世民、林植忠、□…□等一桌，飲小高粱三瓶，川菜惟蒸排骨、樟茶鴨為合作，其餘皆平平。鄰座劉象山、王耀先、楊濟華（湘鄉人，字綏民）與蔣革故。飯畢至三民區德南里三德四街十二號高雄貨運服務所經理羅蔚華（名英）家打牌，結台布者為劉太太，為朱育參之新親。羅夫人孫北平人，羅喪妻、孫喪夫太平輪上，於與船公司交涉而結合。合林、高共打十二圈，余大勝。十二時歸圓寰，遭戍兵訶，經說明歸近處始無事。臥床後病鼠囓，不得安臥。

2月7日 晴

晨起食粥，吃馮如玉贈余之臭蛋粥，極佳。劉象山以車來，同至江蘇同鄉會尋朱佩華地點不得，遇錢錫元之弟。余等入高雄女子中學，訪校長陳頤謝任用項蓉。出，至第三碼頭招商局訪田士捷，伊住新建區成功里興華路一號。伊自離國民政府，上江安、海天、延閩、海漢、海湘五船為船主，天、閩二船出賣，海湘歸台航公司改名彰化，海漢投共。今為招商局船務主任，年六十六，局中與海軍之聯絡賴此老人。十時聯檢處長王耀先（河間獻縣人）備港務局船供余游港，此港能容三萬五千噸輪，入口水深三十三尺，為大連外之良港，惜失了重慶號，否則巨艦名港，大足為自由中國生色。近日美國經援、軍援頗有來者，多裝入十七倉庫。余等出海門，在防波堤內行駛，已比門內浪大，遙望堤外白沫飛起，極為有趣。歸途下艙不久即返岸上，遇路平甫，入訪段其燧後，即至侯雋人寓，同范培淵、吳人麒（字子勉）、徐步青飯，有臭豆腐、雪裡紅湯等菜。飯後訪狄兆基、其駿於台鹼第四工廠，兩人浙大畢業，皆工人裝。基去年娶，得一子，其駿喉間結核漸愈。在會客室略談之後，沿運河望兆基住宅，乃回。在鋁廠尋得方祖亮，伊已得公誠一村十三號住宅，長子能隨鄰兒嬉游，次女見余怕生而泣，稍坐即歸。余曾至陸長鑑家，其幼女肩髀骨脫節，生肉不上，其次子自窗口跌入陽溝，腦子內傷已愈。昨夜來宿高廠長房者潘碩儒（字石如），交通處技正，與余對場者孫學修（伯奮），石塘灣人。

2月8日　晴

晨起穿新興市場，經天主堂到新華路一號田士捷家，說明九日無空，擬今午往飯。歸寓，為諸同寓寫條幅與對聯。戴恩沼夫婦來，今晨又吵唐為恩沚踢痛了腿，余勸慰之後始歸，後經鄰居范先生勸和。段其燧夫婦余亦為寫一窄條，羅孫云祉送來仕女一幅，余為題字。十一時後，始同劉象山在陸橋合作金庫問得朱佩華住處。參觀康樂池後，即到前金區中正二街廿九號訪朱，約今晚雀敘。伊住次子處，有三孫女、一孫男，其長子亦有兩孩，伊上有老母，極有福祿。十二時同象山到田士捷家，飯以雪筍、加里雞、豆腐，為飲乾琴及咖啡精，余並吸香煙二枝。田女蓁蘭十八歲，田太太命拜余為義父，余允商鄭明、項蓉後決定。飯同田母女至鳳山熱帶植物試驗所，有江西職員陪入陳列室、試驗室、病害室、蟲害室、加工室參觀。自玻璃房登小阜，休於草庭，再上所前小山，即至鳥松鄉公所，問鄉長以三星農園安在。後越公路走小徑，至一蝴蝶蘭、石斛簾房，餘地有桂花、白蘭花甚多，係高雄藥房周思平所營，半已荒穢，聞海軍有鄧姓（名為軔）所營之園更大。出，至大埤湖，遇謝仲仁子孫三代，引觀來水洞、蓄水池，池畔草地已綠成平蕪廣田，四圍鳳凰木剪治極整齊，田夫人甚樂。謝君約余暑假來宿。四時半驅車至高雄陸軍服務社，為戴恩沚證婚，晤李鑒澄夫婦、陸長鑑夫婦、方祖亮夫婦、唐堯生，客十餘桌。余因朱佩華來，候新郎新娘入席後，即至新興街二〇八號王家楣律師家三樓打十二圈，佩華獨輸，為楣及一法官分贏。十二時用汽車送回。

昨夜飯，同高振宗四川味吃十六圓，潘、孫未請到，另吃。

夜飯後李謨楝父女、戴恩沚、沼、陸長鑑夫婦、田士捷夫婦、侯雋人、黃士馨均來訪。田君約九日中飯，余允之，忘了有枋寮之行。夜睡尚安。

2月9日　晴

晨食稀飯後，又到車站陪賀衷寒夫婦子女西餐早點。今日枋寮復車，莫葵卿來招呼賓客，貴賓室為人擠滿，機車頭交二國旗，旁懸紅額金字，標明「通車典禮」云云。余同劉象山，象山往迎田蘭蓁，九時車發高雄，鳳山支線至屏東，候吳國楨天上飛來久之，余等至屏東逛街，街懸布標「歡迎主席吳來屏視察」。十一時方自屏東開車上，遇沙頭人顧銓、高雄市長謝掙強、屏東縣長張山鐘（舊為建設局長，台灣人，聽不懂殺頭為何事者）、屏東縣議長林石城（流球鄉人）、林嘯鯤（字友鵬）夫婦，攜一祇說台灣話之小孩、高雄市議長孫媽□、縣副議長林園鄉人黃占岸、縣議長戴良慶、交通處長侯家源。至林邊綵坊下，吳國楨剪綵，余見一紅背心台灣女郎，長得稱樣，惜鼻微坍。上車則行，枋寮段新路僅十一公里．五，設站四，佳冬、枋寮兩站係修復，北旗尾、水底寮兩簡易站為新設。工程以林邊溪大橋四百二十公尺為最長，鋼軌不算錢為二百餘萬新台幣，余在餐車飲啤酒、食殺拉。吳國楨每站下車答謝，鄉人站迎，隊前有軍樂或學生吹笛，亦有鑼鼓舞獅者。吳主席手持呢帽，頻與歡迎者點頭、小朋友握手，身後隨從者多人，亦有時鄉人問那一位是主席者，方知戴季陶巡西藏，身後豎考試院院長戴，如戲台標漢壽亭侯旗之不可少也。至枋寮搭臺開會演講，莫衡報告適當，賀君山嫌長些，吳國楨云明年通至楓港，鐵路局中人聽了發愁。余入秦錫疇寓，伊之公路局，較前大為整潔。入伊住宅，觀為余到東港購來十七斤海蟹，伊夫人不在。余到站上，同林執中、夏玄坐譚。一時上餐車飯，吳國楨、侯家源赴他處，余等觀掉車打睡，田小姐頗以為悶。四時歸車，余聽人論今日復車十一公里，小題大做，明年通楓港，無甚經濟價值等閒言閒語，每公里平均造價為新台幣一百萬元，枋、楓間二十餘公里有大橋四座，本地人頗望通車，鐵路管理局則謂貨運、客運皆平常。余謂自恆春沿東海岸接至台東，如台東而開發者，則此線之經濟價值增加，如高雄大加開發，則須後路寬大，則此線之需要增加。我有南進計畫，香港收回，南洋友好，則此處做後棧、前哨皆屬利便，高雄究為一名港也耶。考日人得台灣，自枋寮入，民國三十年修竣枋寮鐵路，二次大戰日人節節失利，物資缺乏，三十三年將軌道橋梁拆除，移作他用。此次修復雖里程不多，而意義甚大，事隔九年，瘡痍得復，在日本人聽來、在本地人心目自係大事。通車酒四十桌，開工亦四十桌，謂為台灣及外省感情交流、新年同樂，亦屬有價值之事。六時返高雄市，送蘭蓁回，蘭蓁呼余乾爹。余回寓整理什物。至六合二路徐宅吃年酒，計三桌，晤蔣還、姚天造（字公一，杭州人，高雄郵局長），余講小兒應令聽話為救國要義等語。席散至戴家，兩對夫婦外李謨棟在，余講許家故事數則，唐臥床發笑，人熙醒而豎坐，下床強其小便，尷尬面孔。九時劉象山候余，至車站十時半，乘招待車頭等房北返。馮如玉入廂來談，車睡尚安。

2月10日　晴

晨醒方過桃園，車傾側甚強，水盆潑在地上。余整理行李，託馮如玉攜回寧園。余至中華書局、陳嘉猷家送蟹，嘉猷夫人留余鋪雞蛋。余回寓，知總統府通知係六日，為評議委員會餐。無上來書，得余寫件，增加靈隱寺聲價不少。余贈香煙與汗背心與彭長貴廚，團賞工役以金。洪叔言來，囑作書浦薛鳳，余贈以糕、鴨，余又提鴨贈探斗、為俊，入立法院取錢，贈胡、朱煙，到中華書局還陸孟益處暫借，購松鶴樓素雞擬贈鄭明，包飯菜惡劣則出以饗同桌。下午狄擎華，朱志東來請作保赴美國為譯員，志東弟和伯作游擊剿共，被槍打自腰入腹，出往滬就醫，匪追問急，恐害親戚，志和挺身出押，回溧陽受七槍畢命，父棺亦為刨棄，誠慘事也。飯後略睡至四時後，攜酒、菜、果、點、煙至鄭明家，同伊父母、諸弟飲啖畢。曾在老松校角中西書局，臘丁字典、希臘述要、英文文、法文文法、日本印十體書例上下兩冊，余還價四百三十元，尚不肯脫售。夜飯後至錢家，就王白頭（毓琛）家打十二圈，過十二點方回，洗浴後睡。

2月11日 晴

晨丁熔清、陳昆懷、侯佩尹、王豐穀來寓。昆懷不知周亞陶正為伊尋臨時工作，余並介紹往張懷九先生家，得空為懷老開車。豐穀為香港奕蔭街房屋正中出頂與原頂價略有損失，董事會認係豐穀處置不善，呈請中央予以適當處分，豐極氣苦。丁君請王、侯及余松鶴樓麵點後，余入中央黨部，向胡希汾、張壽賢、祝毓說明，請予豐谷以說明機會。余在中央領得過年津貼，在黨史會辦公室晤志希，知為津貼事正大傷腦筋。在總統府有三千餘元年賞，二十七人各五百元，計不足一萬三千餘元，請張祕書長撥助有司機及服務員一人，志希另給每人各三百元，姚薦楠、丁象謙、徐忍茹、孫鏡、莫紀彭、□□□六老，總統各送一千元。此黨史會過年、過節盤纏，往往向中央黨部來索討始允，余則主中央祕書處躉付十萬元，生息以三分四厘五計，年可得四萬二千五百元，三節分付，每節有一萬〇八百元，當彀支配。出，聞壽賢云王啟江夫人昨日自港來台北，住壽賢家，余擬同李謨棟往訪，尋車不得，始歸寓。

正中呈中央所謂王豐穀處置不善，使黨有損失，為奕蔭街房與房東涉訟，請豐穀在台北作證，向英領事館簽名，豐穀未允。豐穀曰伊別房東寄書云歸滬奔喪，何能在台北出現，房東如提原書作反證，正中無詞以解，則予正中以不利。理由一，豐穀滬寓曾因謠傳有文具五十箱存放，曾為匪偽查偵，結果以豐穀赴港經商作解，如港報登出豐穀在台，則予在滬家屬以不利。理由二，張梓銘為此事曾商豐穀赴港挺出，豐穀已允，而江亮規後云無須，乃不往處理，未善正中則然。理由三，香港房價與三年大不同，而房中值六千港紙之電話已遷出，一千餘元之冰箱已移出。凡此理由呈文中都說及，而認豐穀處理不善，真所謂吹毛求過。劉塵蘇不悉內情而作請求處分主張，正合吳大鈞、南維嶽排擠傾陷豐谷之孤意。豐谷又云房東信佛，電話常與佛教徒以便利，允其借打，伊及溫文海、□□□皆然，而最後□□□則不允，房東佛教徒覺異樣，乃發覺房客非王豐穀矣，請收回失房，乃因細故處理不善，非王豐穀也。

余歸寓房中，正大掃除，樓桐孫先來，陳志賡亦來訪，坐於草地。桐孫為王洵端囑印周佩箴紀念冊事，商余作文。志賡云小組商議每立法委員參加一委員會，聽黨部委員之調度，眾意又認為事屬可行，而方法又不對，小組開會情勢洶洶各情。飯前樓、陳辭去，飯後余正上床臥，而小廝子開車來。余至壽賢寓訪啟嫂，啟江、子弦、嫂皆在。啟嫂極瘦，伊女蘿芹之婿谷崇實在臺灣鋁廠，住高雄公誠三村，啟意請嫂即往，而壽賢妻怪余不加遮留。啟江坐余車往電報局打電報，謂壽妻利同一戰線上有人。余至梅蔭家，得安睡，睡起洗臉，食粽亟還。坐園中草地讀詞選，候秀武不來。李叔陶來，同上許俊人車，至貴陽街中信禮堂江南鐵路董監聯席會議，余為監察人九人之一，推定常董七人，李先生為主席董事。余提議印一江南鐵路冊子，推余為編輯之一，夏光宇主張加西文，謂便於向華僑招股。六時散，吳則中車送余回，謂余處理各事周到輕鬆，增加愉快，具有仙氣。余至梅蔭家同姚志崇飯，精饌清座極樂。

余至秀武家，秀武乃以五時二十分臨余寓，過延平北路提鴨而回，商余方家寄款不及於新年到，求周魯伯暫墊，余勉允之。出，同在真善美購酒，余至中華書局略坐，乃走歸寓中，覺倦，一事不做，上床即睡。

洪叔言擬致彭明熙（孟緝）將軍信，云陳清文反顏相向云云，余以為不妥。今晨修浦薛鳳（逖生）書，請其向陳尚文云回復叔言祕書原職，在土木科辦工如屬不能，勿令失所。余另函逖生，請關照第一商業銀行修理吳稚暉先生六條通七號住宅。陳凌海又謂吳師月用不敷，舊存款不能損失，託余向謝徵孚請提前還合作社存款，余亦擬為之。余送致浦信託秦啟文交，顧儉德親送浦處，笑曰凡土豪劣紳所做之請託，余不既皆類似之乎。聞陳尚文逐洪叔言，乃在得叔言之住宅，叔言調工程總隊額外專員，尚文親註云至二月底為止。

徐祖武送來罐頭八鴨，及香腸、茶葉，奚志全送來蛋糕年糕。

吳則中云稚暉師愛說話，新鮮事不敢告訴他，有所知則隨便說說，生殖器自無妨，他的議論無人駁回，如駁他他亦接受。伊好用親族、有關係人，而再以金錢結其心，不知僅出錢已可用人，其他關係是多出來的。

二月七日中央委員會，為改進立法部分之黨政關係，經總裁指定小組擬成草案，由立法部小組反映意見，然後核定：（一）各委員會人數最高額不得超過六分之一，每人祇參加一會，名額分配及人選由黨員大會通過，報中央核備；（二）召集人以三人為限，在二十人以下者一人，每逾二十人加一人，先產生候選人再票選；（三）重大法案之決策前，黨政關係會議召集立法黨部委員及召集人先加商討，從政黨員之為各行政部門主管同志者，應與之切取聯繫。所擬大致不差，而病在過於細密，太抓住立法黨部委員及召集委員，不知當選者係同縣知事，地保性質，愛惜羽毛者不願當，如科以重責，其人且不敢當也。

2月12日 晴

晨五時後坐觀天明，樹頭濃霧散落滿園，希望天得大晴。辛學祥、侯晉祥來，余均留之作游畔。同晉祥食粥，吃臺灣煎蘿卜糕，久之陳瞿梅蔭不至。晉祥去，梅蔭來，同至東站，已失十點半車，立待久之，又愁今日年底，名勝處無飯，乃往銀翼。銀翼停火，在同慶樓飯後，搭十一時半車。觀田間老牛翻土，路上行人提禮物，山水爭清，樹枝發牙，梅云不必到達，即路上觀風賞景亦宜旅行。抵陽明山站，余等取往空軍新生社路，茅亭草破，余等曾坐休樹蔭濃處，陰涼則緩步，遇流水處，觀其來龍去脈。至後草山公園，梅渴，購橘十一枚酸，就兩株紅櫻盛開之亭坐休。沿邊徑上三井舊房而今撥岳軍先生住者，辛學祥入室，問張羣何功得此，侍者云張先生有電話將來，余等略坐而出。將名勝撥與巨人，則保護較周，但利用亦較少，揆諸公共享受、芻蕘雉兔者皆往之義，兩不符焉，苟有賜則應辭，而曾作公用者，國家不以之賜人，賜宅宜擇較偏僻處或專第合成一里，古時似多有考慮。余得在澗邊看水後，即至空軍新生社，路上遇一攝影者，方攝靜物。余在社得飲涼開水，招待員請開十號房洗身，西窗滿照盛陽，下界多霧，望不見淡水。余略睡，候辛君洗畢，余入池，池底水泥粗糙，觸膚生痛生。在車站與辛君別，伊趕回新竹，余與梅入中正公園，自國際分館下坡觀琉璜泉，上新園路見紅櫻一株，若上次與張道藩在三井池頭所見者。入谷較深，則櫻林均未開，梅云筍茶係用竹鞭所煎，略加鹽，味清，又慈姑之小者極甜，皆幼時所愛吃。又云伊小時偶病，則不許知了在樹上喧叫，其祖母命人驅蟬使遠，亦放嬌之異聞也。出，循有崗警之路，擬在服務所麵，而煤爐未上，乃入對門台灣店食肉絲麵。余念及今日陰曆十二月廿九，為我二弟子畏之生辰，弟株守在璜，自穎姊云歿，罵他、細細照應他皆無人，子女眾多，何以卒歲，雙淚落麵碗中，梅為解勸。走至台銀俱樂部招呼站乘車，余歸寓飯，飯後早睡。

2 月 13 日　晴熱，夜雨

晨陳炳源、丘威震、錢馨斯、丁溶清、姚兆如皆來。丘請食常熟菜，余辭之。兆如為工專人事主任，宋希尚令辭，而宋所許之教員聘書不發給，彼此吃并。余為作書陳雪屏，請派員處理其事。迄午又逢兆如及葛建時於臨沂街橫巷，則已發一年聘書，事得解矣。馨斯為余打開丁君贈之柑作底，而以蘋果及花旗柑作面，余提兩籃入中心診所，送一籃與李君佩先生。經兩次輸血後，李先生面色轉紅，余云「今日陰曆除夕」，李女與先生作笑。另一籃贈朱騮先，騮先已愈，坐休憩室中，致病之由乃因打胃潰瘍藥針中毒，見余喜形於色，其夫人提籃往病室致謝。出，提禮物望中和鄉送黃仲翔寓，奚志全所送蛋糕已有螞蟻。黃夫人送余庭中，余問需用錢否，乃留紅票 150 元。出，至南山路看疏散路圖，知是南勢，走新店不遠。時距十一時班車尚遠，乃食黑洋酥糰子二枚，在朱綸家略飲酒，食鹹順風，陳、黃均來會飲。又不及搭十一時班車，雇一三輪車至溪洲，仲翔付五元，在城內在平日三元已可。自中和回不久，靜芝來候，在真美善購海門燒酒後至許寓，金葆光、胡立吳、□□□、□□□、王冠吾夫婦、李潤生子媳、許女及女婿及姪、李潤生媳鈕氏，貌清麗。菜以炒菜不油膩為佳，甜飯、炒麵為差，葆光因夫人病先走。余走臨沂街，遇盧白夫人、盧白妹，知盧白睡。又至陳逸凡，逸凡不在，其女作小達子裝，方大掃除。余至錢家，臥桑圭房，候逖先來，打牌六圈，乃至何子星家，李向采家年飯叫囂，互傾酒盃，余頗不耐，乃走歸寧寓。雨點適下，余心頭念家，更傷姊氏。余置念於無以卒歲之人，不欲狂歡，但一人向隅，舉座為之不樂，余今後逢節宜向清靜場合，今日悔不到新竹陳石泉寓。記此時雨點放大，念先子丘墓不知何狀，幼時困難之除夕，先君愁容、母氏劬勞之狀，宛然眼前。此為到台後難過之除夕，希望父母及姊入夢慰余而已。

2月14日　晴

昨夜大雨，今日放晴。清晨來拜年者每人贈橘或柑各一枚，黎子通之子及溧陽□□□各得蘋果一。王逸民、戴志鈞均來，言宿舍將取消，改給大陸工作人住。逸民云購時行政院撥款似係專案，計購房三處，如取消則予人以困難。王君並言中美藥房方宏孝被控詐欺將地下錢莊，現日繫看守所，此亦大陸撤退同志所經營，藉以謀生活者。最奇之規定，各省市路月一百元、過節五百元取消，原議送台灣省黨部為區幹事，乃該黨規定任區幹事年齡須在三十五歲以下，各省市路同志在三十五歲以下者蓋無之。此乃鶴請狐早點，而以長頸瓶也，余聞之不樂。十一時往台灣大學醫院，同商文立、吳續新、侯晉祥、吳同構入謁吳先生，先生裸臥，乳以上在被外，謂醫生過新年，未將插管裝好，今日不舒適。出院，在重慶南路見書障有出售查理夫人者，佩尹囑余購之。余入錢家飯，同羽霄、遜先、王毓琛夫婦、張君打牌至十一時，同馨斯乘六路歸，天又雨。

桌上留拜年片者孫志俊（即伯顏）、王韻蘭率子念台、劉克寰、瞿梅蔭、李德元、沈冠九、高振華（字頌南）、史祖鰲（字尚美）、洪述彭、夏曦（字森川）及其夫人、俞士英、奚志全。

2月15日　雨

昨候黃仲翔攜子來，取朱佩蘭所送仙人鞭末稍開紅花者去徐勗繩先生，候洪亦淵不至，錢馨斯來，共發杜逢一及陳瞿梅蔭所贈粽食之，粽箬已霉，而味則未變。拜年者樓梯作響，前來者提帽辭行，入室小坐者祝毓、林潤澤、劉子澄、陳肖籛、林克中、沈善琪、趙鐵橋家阿妹等，望門一拜慶澤彬、修城、朱鍾祺、舒、張、程等。十一時出，在三路遇王子弦，謂今年第一次好過年，微雨中同謁于先生，不在家。余訪陳果夫夫人，以感冒辭。入徐琳家飯，有侄徐聖熙，原為警官學校教務主任，今改最高法院檢察署科長，與之談調查有無冤獄為之平反。飯後得車極難，遇李翊民，催居先生集出版。余走上海路遇雨，仍雇三輪車至浦家，有洋煙、洋酒、日本紫菜湯糰、春捲款客。余同汪、俞、王、孫、□…□同飲，張岳軍夫婦臨同期，余為尋曲譜送閱。余酒後和調興致極高，五時半綵排佳期始散。雨大下，余隨王導之至彭爾康家飯，有湖南臘味極佳，又有鹹青魚之尾。飯畢天雨，雇汽車送余回，爾康與導之夫人到武昌街跳舞。

2月16日　上午雨，下午霽，入夜復飄雨

晨起聽秦啟文游獅頭山，宿勸化堂，返經峨嵋，雇卡車直放新竹各情，勸化堂被硬且短，係此行不快之一。八時一刻乘鐵路局車至中央黨部紀念周，唐乃建報告第一組工作，余任主席。十時入糖業公司三樓訪於升峰，慮下午人少，於君開會未晤。余至梅蔭處，伊起身食點後重復偃臥，供余粽子後又煮新菜，同飯後入凌家雀戲。余臥至二時，穿長安橋鐵路至青島東路裝甲之家，參加留法比瑞同學春節聯歡會，到一百餘人。林君立法語致歡迎辭，劉大悲籌備報告，法代辦演講，謝次彭略講幾句，李松泉魔術，龐夫人、朱小姐、焦鴻英清唱，情意歡暢，每人收十元後所貼僅五十元及表演者之西餐，極難得。鄧武且云植物園近處有地皮，囑余設法。本日惟清唱太遲、累人久待為美中不足。散會，余至鄭明家飯，飯後走歸，未見項蓉來尋，恐未來台北。

拜年未晤之人朱歐生、王培禮、方肇岳、方肇衡、定一、李向采、楊愷齡、邵學錕、李懋寶、蔡奕文、程筱妍、顧儉德、陸佑湘、王介民、虞右民、汪天行、李運祥、吳愷玄、梁宗一、史文裕（子豐）、徐銘、汪紀南、葉韵秋、戴問梅、徐昌朝（字東明）、王文潞、周紹成、胡希汾、余建寅、章甘霖、張明、王國秀、許師慎、趙耀東、郎英、趙葆全、朱文德、汪芳淦、戴郛、徐向行、姚琮、丁治磐、梅必敬、沈崇宛（必敬任民航空運隊業務處營業主任）、唐慶厚、王企光、李保謙（字仲輝）、余天民、楊寶乾、陳宗周、凌同甫、吳克婉、丘維正、梁明第、徐宗彩、朱育參、劉月華、劉孟衢、文守仁、蔡培元、李炳瑗、鍾文金、張仰高，63 人。

2月17日 雨

早粥後，提蘋果一扁籃送雷家，又食煎餛飩，味不佳。入立法院第十一會期，余坐三百七十六，其高度與主席台平，極清楚又不太在邊遠。同人互道恭喜，無人理會議些什麼，余上台主下午停開半日，以新年人民交互往來，及本會期勢將緊張，宜養精蓄銳，眾咸歡樂。朱佩蘭在議場外向余鞠躬賀年。歸寓飯，僅雞腳湯爛。飯後欲臥，而韓同來拜年，伊遷三峽，售出和平西路房得資一萬元，將放存補貼月用不足，譚受訓，則嫌講座平常。余至杜逢一家，同杜夫婦及蘇老太打五十和底臭對雙台者，余負。蘇有女太平輪沉海死，今撫外孫，剛入幼稚園，圓眼喜動，恃愛肆瘧，外祖母多說話，相應不理。今日有女之同學來訪，云此孩宛似其母，蘇老淚縱橫。又引余看女之遺象，其入台乃為奉母盡孝，見於蘇所書四字句中，真人間慘痛也。杜家吃年菜，有燉蛋若豆腐花，加日本紫菜極鮮。十一時後，余雇車回，天雨且冷。

得萬繼勳書求入台任職，項蓉書以天雨不來台北。彭爾康、唐嗣堯（45987，中山北一段八十三巷四十三號）、陳景陶、王子弦夫婦、狄介先來拜年。邱宣悌、彭紹香來賀柬。陸幼剛自Los Angeles來書，伊仍長僑校。

2月18日 雨

今天陰曆正月初五，係三弟晝三生日，念繫念至切。丁溶清來，同至沅陵街食生煎包子各五枚，松鶴樓食春捲二、拉糕半塊、餛飩半碗。余到陳瞿梅蔭家催伊起身，食鋪雞蛋一枚。十一時出，至淩太太處拜年，伊因賭少睡，眼膠面乾。十二時至中華書局飯，略飲酒，在劉克寰床上睡起，同梅訪孫錞、吳保容。錞與梅上海膠州路上海中學同班，係野雞中學性質，今所服務之公路總局以車四十輛借給台北市，恃租車費為開支，亦野雞性質。在伊房食伊自製之奶油糖烘糕、糟雞，並為晝三生日下麵四碗。出，余與梅越鐵路，自瀋陽路至濟南路社會服務所，參加江蘇三區同鄉會，雨中到一百餘人，五時半余演說重武備、聽人話、急公務為憲政奠基。六時至貴陽街二段中信禮堂應金弘一、吳鐵城西餐，為復活中韓文化協會，余當選為理事（二十一人），晤韓僑多人，皮以書報告有歌劇團將到台。散會，余坐羅志希車，志希語我朱家驊胃潰瘍，或有癌病。余至警務處大樓南京市各界同樂會，聽高華清唱兩段。穎若館主王寶釵唱在高華之後，聲音不及，而電台教戲，浮腔飄溢在氍毹之上，惜扮相、身段尚佳。余略坐一回，歸寓洗身而睡。天雨，窗外聲猛，自枕上聽更猛。

2月19日　雨

晨鄭澈來告已得油漆廠工作，月薪七百，交通費三百，已往許昌街上工。項蓉來，攜嬰至雷家，同往鄭家探鄭明，彼此互道生兒之苦。余擬赴新店，車站人擠，乃改至錢家。藕兮自幼骨節痛，今日貼膏藥，伊撫州人，生於長沙，其父開錢店虧蝕，曾吸雅片，藏雲土於天墁被竊。在錢家飯，王郁佩芳送煎餛飩，餡油大小均為合作，係佩芳乾姊竇氏所作。飯後余走吳保容家索種台，計澳州黑二、黑白二。歸與姚君、羽霄、探斗打麻將，至夜飯時十嚴丈代打，得贏。余至雷家飲德國留學生自釀三盃，有凍鰻、糟扣肉，殷國珍蒸菜皆不熱。歸錢家換位，至天明，探斗一付不和大負，余精神好支持得住，半夜曾吃泡飯。

2月20日　雨

晨洪西恩來，為教員月入祇兩百餘新台幣，破車、舊衣，比前為胖。余至立法院簽名，自本十一會期起議事錄載名請假與缺席人名。余至中央黨部出席業務會議，印刷品主定底價，統交黨營新台及中華印刷，余以承印能力精品與速件均宜活動規定，不宜呆定為言。又商空襲疏散車輛分撥，余主公私物品先宜有一寶藏庫，以減輕攜帶。又主管理員指揮車輛何往，如遇不測，不負任何責任。十一時半返，同鈕長耀乘三輪車至其寓，閱逐年婚後照、學校生活照、出游照、子女照，皆以美國雜誌彩畫有關者剪貼作陪，減少照片呆板，增加興趣，惟惜照片小耳。飯後至陸孟益處睡，孫再壬來商印曲譜事，徐勗繩意再向孟益移款，余止之。三時三刻到立法院，通過姓名使用條例及赦免法，半小時即散。余至朱家臥，王豐谷床閱舊小說北平通俗十五貫，及胡適澄衷校記、競業學會記。六時酒飯，舒尚文女友係一圓臉者，張君之女友亦來。余乘車返，自中華路舊書攤過，書攤逢雨季無書可得，亦無人來購。回寓雨，遙念生離死別之人，點點滴滴，淒上心頭也。

朱鍾祺受第三合作社破產前存金案，宣判無罪。

暢流載癸巳談往錄翁同龢日記，蠡棚內添一單布低幄，北京大飯店皆有蠡殼扇窗搭棚。余頗愛蠡殼半暗不明，裝於室窗不必明亮之處，比玻璃為佳。自有玻璃則蠡殼廢退，但蠡殼燈依舊為人所愛。昨晨過北門，見鞋店懸上下疊雙連蠡殼燈，四懸一堂，有排鬚甚美，觸余愛好。余自襁褓見燈則不哭，至今愛之。

銷銀見松禪日記，今言核銷。

立法院缺席名單今晨見列王艮仲，余以為不妥。院會趙祖詒主記缺席以本屆報到者為限，便無不妥。趙肥胖，民社黨員，松江省人，年五十五。

2月21日　晴

凌同甫來約明日飯，辭之，陳炳源來約明日午飯，不及辭。晨曾到中本，張百成開會未晤。余為吳望伋寫字，伊之幼稚園將藉書畫展籌款，託立法院黨部送去。余曾到復興書局王豐谷，及永安當朱鍾祺處，尋昨午放在豐谷床枕下之手錶。午飯在寓，飯後至佩尹處，余攜酒往，佩亦自購酒，閱時報雜誌合訂本。三時出席中央日報監察人會。胡健中報告中央日報之成功，銷路增、贏利加、方針定、社務安，銷數準確大白，紙可能有著，防空有計畫。為疏散人物保守資產設庫開動無資，余主可收社中職員及其關係人之借貸金，而略高其月息。又主設一儲存公私物品庫，減少公私損失。又主設改進台紙公司報紙品質同舶來品相等懸賞一萬元，及與洋人合闢士林防空洞各情。五時散，何子星以破吉卜車送去延平北路，拋錨四叉路口，推挽一陣余助。十二路至陳家，梅蔭正熱心王八妹大陳島難民收衣工作，而責余不應通宵打老虎。飯時有青菜肉圓，飯後歸，梅送余十二路排隊，陳嘉猷適下車，云明晨赴鶯歌孫家，余辭之。

2月22日　晴

晨黃小堂來，邀余梅龍鎮酵肉麵，幾可媲美老半齋。小堂知余以錢助人，曰自身無困難而困人之難，亦必感受錢難，其言甚旨。余購小喜聯，在王道之家用破筆壞墨寫之，送陳祖思嫁馬扶東，云「唱隨通妙思，事業看相扶」，祖思為音樂家故云。王洸又屬題伊結婚時黃君璧所畫白頭，余胡謅一首應之。十時鄭西谷、羅小妹、陸奉澄來，相與打三十二圈，余負。十一時返寓，閱紅樓夢賈母逝世各節，其人又寫下層階級亦出色，不可自為狗尾續貂。

2 月 23 日　晴

前、昨頗涼，今日回暖。晨起有九曲人李家瑞來借錢，係一編餘軍人，自新竹來。余入中央黨部，聽張茲闓國營事業之改進計畫，謂事業在生產、在人民得業、在繳稅，而不在贏餘，贏餘對股東講。事前不之知將本求利之難，當比稅收機關海關為難，稅收則為無本生財也。自採國營事業交給民營，國營工業與民營工業種類之盡原係甚難者，今日無此需要云云。詞頗正確，余請其整理後發表，以祛誤會。余入財務委員會晤胡希汾，謂除黨營事業之計畫及股東大會之籌開、資金之籌撥外，財務委員會可不必管，責成各機關主管人自管，受效較易，且減少財會之工作。又云何人為理監事，應擇該事業之最相宜者，不可拘牽每人一職不得兼任第二機關之董監之限制。出，至立法委員黨部即歸寓，飯後略臥，朱鍾祺持王慕惟來書求入境，囑余擔保。鍾祺去後，張純漚來，云孫光庭已卒，馬直坡在港，其夫人亦卒，胡瑛（蘊山）一度被捕，生死不明，雲南青年于乃仁、乃義兄弟有志古學，楊家麟亦嘗學文。三時余持彭長貴代購之菜刀送瞿梅蔭處，略臥，姚志崇來，同入長春食堂担担麵，食豬耳朵。乘十二路尋錢馨斯不得，入鄭家，知在上海路坐吉卜車為他車撞出、跌在馬路傷腦之刑警隊副總隊長余鑑聲已死。此人曾在河內二十八年三月廿一日之晨打死曾仲鳴入獄，自修法文，勝利前卅四年三月九日日、法軍衝突得脫，娶妻生子女三人，朱歐生與之相識。何芝園云余鑑聲當係擊汪精衛四人之一，其另一為王魯巢，今陽明山警察局長，四人賃屋汪寓之左近兩月，方明悉房床徑物，汪防衛頗嚴。及行動之夜，曾妻方君璧來，汪以臥室讓曾夫婦，曾匿於床下，拖出一觀以為是汪賊矣，汪乃免。是役戴雨農親往。

2月24日 晴

晨丁溶清駕新腳踏車來，余慮其將被竊，不同伊西門町早點，伊駕車回。在成孚前遇史祖鰲，伊方得洪軌通知入裕台印刷所，可為技工，余請其到中央黨部託王介民發鈕惕生、翁序東請來蘇松太月會演說信。余請其入松鶴樓食經濟紅兩鮮聊以申賀，澆頭重而麵湯不鮮。史依朋友五月，為其在縫紉廠執役，友為軍人，督催至緊，今晨伊來視余，本擬留一住址，伊往新竹，得技工通知，伊頗喜悅。余囑其耐苦，伊云能耐，不知其得任何種工作，耐得否也。中午在苗栗七公里舊人張振同來囑謀事，伊嘉定人，祖父輩與嘉定世家均往來，有花園兩所，今不敢往尋物資局張局長，余勸慰之。余入立法院，陸京之約余為其女傭銀桂及車夫證婚，余樂允之，喜期尚未定。下午葉寔之遇余中山堂前，約往華盛頓理髮。四時後徐中齊娶沈□□，幛額書畫，男女賓擠滿中山堂大廳，張岳軍證婚，四川人均至，茶點款賓，余一望新娘堆紗內粉面，即至鄭家飯，有天菜魚圓。飯後同鄭澈到中心診所定蛋糕，三月一日陰曆正月十六日味經生日，將連林德欣正月初九滿月叫會賓樓一桌，鄭明同事有三十三人，送禮備酒，不勝其費。余主分各人以蛋糕，定中心蛋糕為樣品，余作為送味經生日禮品，「窮討好並堆」，頗為有味。

立法院上、下午皆為廢止中蘇友好通商條約，葉公超報告遲遲提出此約無效之故，發言者十餘人，余聽胡秋原並廢止其他關係約，及對敵俄不作任何賠償要求為悉。四時半請公超來商定，決議會場幹事分發中央委員會 7320 號代電，囑黨員於本日以廢止條約案處理審議時，避免對本約之簽訂加以譴責或追溯政府責任，避免對美國民主黨政府過分之責備，避免造成此次廢約係追隨美國之任何印像，避免強調因本約之簽訂對國家人民所造成之災害，並應呼籲廢除一切奴役性密約，尤其應廢除雅爾達密約。余回想勝利後於南京國民政府，孫哲生院長堅持國策，強立法委員通過此約，當時全院皆知其非，今日說也無用，況不許說乎。余終日緘默。

余因余鑑聲之殺曾，聯合版載有奉命事様，與許孝炎、程滄波商，均云不妥。余入政府發言人辦公室晤郁世兄，謂請斟酌是否由聯合版自己更正。

接浦薛鳳書，台灣第一商業銀行董事長黃朝琴覆浦書，允修理吳稚暉先生所住五條通七號房屋，與陳凌海接洽。

侯佩尹晨來留字，山仔後柑桔園房子已經修好，允撥余一間，囑余前往選定封鎖，以免別人先佔。

高振宗為言，余走之翌日得煙甚多，為同人分光，伊取余高雄寫件囑為蓋印。何芝園來，擬入查石村為經理之台灣電影公司任事，囑余作一書介紹。

閱香港工商日報，有蒸氣防止生鏽法，Vapor Phase Inhibition，係火油公司油罐生鏽，加入化學劑之後便能防止金屬品生鏽，現防鏽粉、防鏽紙相繼出世，功效可靠。

2 月 25 日　晴

晨丁溶青來，為余購絲線，用煙灰泡去油光，裝入墨盒，先府君小墨盒裝絲線，余仿照辦理。三十九年來此，向監察委員會領得墨盒係用爛絲棉，時附黏筆端。余出至士林，晤陳國榮、劉大悲，大悲正整理留法比瑞同學錄。導觀將赴美國參加世界花卉賽會，有高三尺之大黃蘭五箭，云可剪下裝濕水草裝箱往賽，可維持美好一月。又有蝴蝶蘭，有一板上二疊，每疊四箭，每箭十餘花者，未開者正入暖房火燻，此外又在場地賞杜鵑花正盛開。

山仔後房係由工礦公司代修，園藝所為工礦裝配庭園，兩不計值。余以借一室由余布置為請，尚未說妥。十時大悲送余防空洞前，總統府正建單人宿舍處。歸，侯佩尹尚未回寓。余歸覆戴恩沚書，勸伊勿以金錢為中心思想，又附去田蘭蓁書。午刻毛同文來，攜張吾惕所贈酒至梅龍鎮飲啖，同文語我芝園與其三妹毛富文於伊產小翠時戀，生一女，曾歸同文撫養，既同索歸在上海，為毛彥文看家。余聞朱君毅騙余四弟媳王君曼入重慶清水溪醫院墮胎，同文知其事否，同文云事後確曾聞之，君毅行為殊屬不當。此事發生於重慶大隧道慘死萬人之時，余抱傷寒症，正苦疲勞轟炸，祇君曼一明信片云抱病入醫院，事後未嘗向余索醫藥費，亦絕不談起此病余等。建庵方赴美國實習，歸國後未悉此事。君曼受騙，而姻伯母於氏聽其受騙，實保護不能盡職，周梅初評為蓬門一小戶，不可聯姻，實是確論。飯後余歸寓，睡至三時，出席文羣召集之黨員總檢查小組，填表一紙。出，至中央信託局，與周君亮、汪公紀說笑，引方肇岳來取物資。至陳嘉猷寓，同姚志崇食銀蚶、苣筍葉蠶豆、蝦仁豌豆苗、薺菜豆腐羹，皆美味。嘉猷約陸孟益，未至。飯後同陳夫人食，中華戲園觀牛小妹文明戲，觀眾見共產逼供摔死嬰孩，在場小孩驚恐而哭。十時半送梅蔭上十二路乃回，鄭澈陪其母朱觀戲，攜來中心診所所製蛋糕，味道平常。今日杜逢一來電話，召余入局，未往。

余於立法委員黨部晤同小組之劉明侯同志，云張其昀堅不許立法委員參加一個委員會之外，又列席其他委員會，云與原意不符，總裁所不許，但非集思廣益之道，余亦以為管得太緊。入晚得中央委員會通知，此說竟是廿三日中常會第十六次會議決議，列席雖與一人一會之原則不符，但應從好處想，不應自倒亂方面想也。此節恐惹起不快。

2月26日　晴

晨得通知，湖南龍山同學蕭薈如（鳳蔚）久病不愈，於昨日致卒。九時入立法院，參加治喪委員會，張炯主席，余主立法院例賻與相知委員特賻分日舉行。出，至中央黨部與李自強接洽寫件。至極樂殯儀館弔金葆光夫人喪，亦久病，葆光幸其解脫。又探蕭薈如喪。飯後睡起，為北大同學會挽蕭薈如聯：

立法著辛勤，同堂門士珍前席；
復興崇品德，四海離人惜此賢。

余又為同學會草散行祭文，草畢持赴楊佛士兄處改定，託王介民兄書之。出，到雷孝實家飯，飲留德學生所釀酒，打五元攙莊兩次。賀鳳蓀來，小立即去，飯後月色極佳。余至李向采處同秀武閒譚，九時後方福生送余。余入真善美還晨間所借金陳夫人弔禮一百元，俞汝良夫婦在，狀似出售衣料。余搭〇路車回，秦啟文來約三月一日往錢探家夜飯尋樂至十一時，是日太忙，余辭之。

得翁序東兩書，辭明日蘇松太演講，允四月來講。余往復興航業公司尋沈東美（淇），請來講日本航業及漁業，又致書羅師福路三段二六二巷五十四號之一，請黃八妹（百器）來講游學及大陳困苦狀。下午許師慎來，伊夫人來，頗多上海消息，余又約其來報告。晨間見季炳晨，余約其明日攜三弦來唱。余所約過多，不知明日如何，寡人之於月會盡心焉而已。

2月27日　晴

晨至立法院簽名，於院會與張子揚、倪文亞談不許列席實為過於防弊，膺意得提書面意見，如該委員會認為必要，可通知其人列席。午刻三讀修正各委員會組織法，此層不提也就算了。九時余出席業務會議，印刷件交黨營事業承印辦法通過，張壽賢提每年黨件共若干，贏利為若干，提出贏利之幾層為中央同志福利，余以為此乃分用回扣，並公開承認回扣為財政上分肥獎金之外又一貪汙事實，堅持不可。至黨部人員所得稅，則由照納。午飯時因王洸送魚子，同秦啟文、劉三弟略飲酒。飯後至殯儀館，見蕭逢蔚夫人三女一子，其最長者高中師範尚差一年可畢業。逢蔚龍山人，為湘西僻縣，出產尚豐，伊久任湖南師範及中學校長，粟裕及共產黨多名皆其弟子，曹聖芬亦其弟子，伊之長子在湖南者傳為共匪所殺。二時余至記者之家三樓蘇松太月會，今日到八十人，許師慎報告滬情，沈東美報告日本航業，農林廳漁管處處長劉永懃未來，四時半散。六時至朱鍾祺處，見舒君圓臉女友。八時半入鐵路黨部，觀王平陵自由中國四幕劇，演員有佳者而對詞生硬，冷場有可刪處。余坐陳嘉猷夫婦所留座，蘇、梅、劉大悲夫婦、蔣碧微皆在前排，張道藩、謝次彭、侯佩尹坐中前。十一時半散，禮堂悶熱，孫伯顏不耐先退。

2月28日　晨晴，下午雨

晨朱鍾祺來囑寫送端正法律事務所喬遷賀額，並為王豐谷介紹胡一貫、劉文島、郭澄三書。俞士英來，余告伊郁世兄所云「腳頭嫌散」一語。余坐車至新店，先訪李志伊嫂，起床云醫云幾乎無病，余云候子大學卒業，女兒遣嫁三年內，皆可完畢，望伊保重。其媳煮雞台掛麵一碗，余食已即上新店鎮，走防波堤，觀山色，聽水聲。陳芙生不在碧潭小店，余到羅大固家，有衢州毛先生精風水，大固亦稍移其蓬門，大固自撰門聯云「文山迎好月，碧水送清音」，命余書之。余等同高君、羅夫婦及□□□打牌，飯時徐東明、陶一民、陳惠均來，皆崑山熟人，大皆高興。飽後又打牌至夜飯，羅夫人藝殊糕熟，夜飯所飲高粱比日間為佳，菜為紅燒雞、臭蛋、竹筍、醃鮮、階級魚、獅子頭等。夜飯後冒雨至車站，沿途兒童玩燈放爆竹，人家會飲，燒元寶，頗有元宵景象。入台北市，苦雨滾車簷，毫無跡象。回寓浴，浴後即睡，窗外雨聲淅瀝，雜以爆竹聲。憶兒時元宵，吾家最為苦乏，此時即將籌劃學費，向人借可以質當之物預備。膺之學費先父、先母祕密籌，每不令諸兒知之，余兄弟已知家境艱難，逢節不快。管子誠紮兔子燈，先妣剪口采紙花縷空貼滿兔身，余兄弟牽挽為樂，至四弟幼時仍如此，今四弟亦五十歲矣。

3月1日　陰，下午晴

自昨晚二時水瀉自今晨凡五次，秦啟文勸飲白蘭地，並請鐵路醫院陳院長來寓為診脈按腹給藥。余服藥後，至實踐堂參加總統視事三周年賀典，張岳軍主席，于右任讀為全人類挽救而奮鬥，張曉峯語余係黃伯度所囑草，于先生云非也，係□□□稿，下半于先生所增。散會，余隨于先生車至陸佑湘家送禮，歸又至厚德福，送林尹女出嫁送禮，喜期在明日。余歸寓食粥，十二時出席溧陽同鄉春季聚餐，在銀翼樓上，五桌共六十餘人，芮晉赴台南，囑余主席，余演說重工藝不要怕髒。二時半至社會服務所，為速記學會演說並攝影，學會外之人亦有來聽者，皆贊美余之演說。三時至植物園林業樓上，參加崑曲同期，聽掃秦。四時三十分，為陸佑彬娶鄭玉蓮結婚作來賓演說。五時為韓大使金弘一招酒會，慶祝大韓獨立，余飲威士忌陳盃四半盃，桂率真語余酒在盃內圓掛簾者為陳酒。余同奚居赫、鄧雪冰夫人談金弘一提起在重慶某次會上，余反對張治中、程潛主張，伊極快。七時中韓文化協會飯，推舉常務監察人及理事，余酒後起立亂說，自己不知作何語句。錢思亮送余空軍新生社，觀春秋配及四五花洞，有武旦手腳靈敏。余在坐入黑甜，迴龍閣、大登殿皆未看到。十二時散，俞良濟送余回寧園，余過凌同甫家，知已於十一時散局。歸寓，得謝長茂病故，慧齡來電。

3月2日陰晴，晚霏雨

晨伍仲密來，商為蕭薈如募遺族教養緣起。狄□□來，同余上衡陽街。余至中華書局陸孟益處，以支票換現錢取鍾鑑利。在中本得車，以利錢入中央黨部交祝毓，再至陳瞿梅蔭處睡，上、下午共得睡三點鐘。午吃米飯，晏長祐生日，外症開刀。六時攜新蒸鹹肉至鄭明，鄭皓在家攜子二，鄭明乳上部有硬處，極憂慮。余食餛飩半碗，乾飯一盂，坐車歸，不赴中央中山堂晚會。姚兆如、賈書法、□□□三人皆談教育問題。田蘭蓁來信，得為義女甚欣幸。有洪清雲步梯來尋史祖鰲，持齊耀榮致祖鰲書，謂所欠瑞益實業行機器價款數百元，希即前往了清以維信守。洪君名片刻瑞益實業行，史又何從作機器價款，信封又借用姚冬聲律師，不知何種怪事也。

3月3日 晴

晨起雷燕珊來，將往任花蓮師範學校女生指導，與余商資歷證明。余為介紹見黃季陸，伊尋黃寓不得，下午又來，余午睡方醒。余尋趙鐵橋家阿妹，在後車站直街一衖內十二號，有一姊在，伊鼻管已愈，余昨約徐銘陪伊往臨沂街許煒欣家求治，伊已經許打針治愈矣，徐銘於二時來，余勸慰之。立法院院會懲治走私條例延展一年，謝澄宇主張請行政院送海關法，陳海澄稅則及海關組織皆經本院議訂，海關法以何者為內容應先考慮，至基隆及高雄緝私，有六、七個機關人員，出入境者苦之，不關法不法也。討論第二案時，請假是否缺席，是否可保留發言，余已行矣。本日開會副院長黃國書代主席，張道藩提皮包先走，不知何事。余至武昌街立法委員黨部送黨證與相片，為黨籍總檢查。黨史會楊君來，商請馮葆民通融四十一年度報銷事內有郎靜山攝影費將二萬元，須補報張數，余致馮葆民一片，請直接詢問。余另致函蕭青萍介紹工友曹瑞森，致青萍與陳勉修介紹陳石泉，與任顯羣介紹陸景堯，覆狄慧齡謂可任教員及工人，並勿使謝如岡知有失父悲哀。又有台南水交社復興村 13-5 號，於二月廿七日致函余之姪女原漱，署名夢華，想係綏芬之同學，余亦覆之。

下午三時，余至杜逢一家小牌消遣，先為杜夫婦與其女，後為張律師、蘇老太與顏叔養夫人。十二時一刻還寓，杜家食薺菜豆腐干、糰子三，甜者皮硬未食。夜飯燉醃鮮為合作，韭蛋過鹹，燻魚特佳，王瓜豆瓣，又有拌菜，見皆家鄉味，錢中岳亦來飲酒。

3月4日　晴

晨侯佩尹來，同上梅龍鎮麵與菜肉水餃，均美。下至中山堂，尋和平室金山幼稚園，書畫展已無有。持前日在許靜芝家所借碗入總統府，入門名條置衣袋中，因用紙脆成紙屑，持示衛警，入後門上樓無問題，方知全體皆然，有補綴者、有缺角或半段者，其完整者係裱襯者。十時月會，總統命人讀四十一年度行政成績檢討及四十二年度施政方針指示。讀畢總統上台，補充曰日據時代各種建設，如存心恢復則輕而易舉，如旗山燈塔今命人挑水，而舊時半山有蓄水池，用一邦拍打上去，一個邦拍能值幾何，而何必天天挑水，遇有空襲緊急將斷水乎。又如鹿港有一瞭望樓，原以指揮漁船，今四壁無損，而樓板、樓梯皆缺，修復不難。又公路橋普通用草棚作人民防守哨，入彰化縣境則有數處為瓦房者，彰化行道樹整齊，余曾在某村飯，人民康樂之象為內地所無，余問人則知縣長得其選，肯認真辦事。總統又提社會失業，不論男女皆應注意，去年行政以財政與金融地籍與治安成績最為優良，僑務大為進步云。十一時散，余至雷孝實家辭明日不往飯，其家人方尋自來水筆。出，至永安為人取存摺，中本取利。歸寓，林彬遣人來借禮服。飯後臥，臥起赴俞良濟家，同出至公園旁乘一路車，先逢王平陵，後遇夏際安與董肖蘇女。又遇陳子仁，同往士林觀蘭，今日蘭花檢查消毒，明日或後日乘機赴美國展賽。際安為諸人在鵑花盛開之前場攝影多幀，俞夫人游得有趣。六時陳子仁以車送回俞家，余約陳茹玄來同飲膳，飯後王洸夫人來打十二圈，至十二時方回。日間俞良濟款余白馬，以糟雞為下酒物，夜飯飲□□□，有炒蟹粉、炒蝦腰、糟扣肉、乾菜湯等。良濟述余前日在新生社醉後跟唱，蹺腳側睡，侵及前左女座，余以為羞，又在中韓席上既醉演說，今晨月會向吳鐵城、張岳軍兩先生道不安，吳云並未說差，張但微笑而已，今後更宜慎言語、節飲食。

3月5日　晴

晨上官俅來，稱得調五組為幹事。余因上官上張曉峯書，控祝毓譊報之江大學畢業學歷，揑造河南省黨部常務委員兼祕書處長資歷，貪圖享受、製造是非、冒領公物、越級使用、妄領津貼、臨難苟免、不顧同志七種不良行為，勸其對人不可如此。伊云聊以雪憤，不再續訴，乃去。上官俅曾以改造之初科長、副處長均改幹事，太壓人志氣言於張曉峯，余以為主張甚是。出，余至立法院出席印花稅法修正草案審查會，高廷梓、潘士浩等十人小組費力已多。余發言二次，一國外分支機構單據寄回國內登帳不得認為使用，如用該單據涉訟作證或對抗第三人則認是使用，須補貼印花。財政部代表認為可以採用此一解釋。余又言（一）印花額以定額徵若干，某種貼多少，簡單易記為宜，不採比例為千分之一－四辦法，又一憑證是一事者祇貼一次，不要重複科稅，至漏稅處罰應比貼不足額者為重，三項意見。財政部代表認恐失公平。余出，在松鶴樓遇祠堂巷炳弟賭伴□□□，為余付麵帳，據伊云另有一人姓鄧，住羅斯福路。余搭十二路至梅蔭處臥，飯時有鹹肉豆腐、燒羅卜。飯後再臥，談燒香山，鎮被燒及中峯寺僧任維持會之明照被燒死各情。四時梅送余南京東路，見紅頭鴨白身者二頭。余入錢家，張藕兮起，知黃曰昉、沈德仁間失其平衡，曰昉任性，近日好賭，其母亦被侵，母亦愛賭。前日沈德仁干涉曰昉通宵，曰昉走淡水河邊待旦，以有孕身而暴燥如此，營養又不良，藕兮憂之。五時十嚴丈回，同食綠道紅蛋二枚。六時探斗回，王太太亦來談，七時應黃鳳浩招，食翅席一桌，劉航琛、陳慶餘、洪蘭友、桑君□□、邊定遠等。航琛送余回，伊所該之行政院款以美金公債十八萬作保，日後再算，至國家打他的則不提，提恐前次助李宗仁之人出而下石，以為獻功潔己之資，言下不勝感慨。

3月6日　晴

晨至中央黨部參加業務會議，祇一、二案，商議到十一時始散。余入立法院小坐，聽袁其炯經費稽核委員會報告，下午三時將報告中待決問題：

（一）委員港澳往返程旅費原定比照台灣最遠程發給，現有人請求變更，是否變更。楊寶琳主不變更。

（二）擬有立法委員互助辦法，經常委員重病送 2,000，直系親屬、配偶病送 1,000，血系尊親屬喪亡送 1,000，委員及子女婚嫁送 1,000，特別則對於委員死亡及遭遇災害。互助金以委員所得繳付。余發言謂集款難而應付之數目大，主再研究。

飯後徐培、張達、王文□來，王求入內政部役政司。史祖鰲赴新竹，謂興台印刷廠祇給月薪 200 元，不供住宿，極為困難，不擬遽往。而前日來見余之齊君則說史於雅琴縫紉廠，以雅琴名義取去機器兩部，周太太 450 元已付而史未繳，文憑費尚未繳清，史又與楊秀珍勾搭云云。余轉信寄新竹囑史料理，興台則不必往矣。五時余至蔣碧微家，觀伊所植花木，伊云花易而樹難，談民七北京後門外吉祥寺武術會之主持者胡志高，住持僧則不憶何名。余至丁治磐寓，譚嵊泗漁業建設，伊云蘇人擠仕途而無事業，擠則爭，爭則將能力抵消，更無事業，如海州之磷礦原料運日本，製成肥料而運江南，真可惜又可笑也。出逢天雨，走龍泉街至雲和街飯，得朱鍾祺留當之潮陽顏輝記正點銅錫茶瓶一具。歸轉錢宅，同藕兮往，請王毓琛候秦啟文來，同抹牌八圈。十一時後始歸，探斗吵續四圈，相應不理。

3月7日　晴，夜雨

晨張壽賢來，取去上官俅向張曉峯控祝毓之件，謂祝毓獨不使上官升擢，失卻最後可以大方之機會，怨懟之來由於自取，而張曉峯將此件交第六組，則取義殊強，擬覆以一書。同出尋洪蘭友，不在家，乃赴和平東路三段（幾靠近極樂公墓矣）朱騮先新宅。一正房，入門為東、西兩會客室，西客室之西為客房，客房之北傭住疊床，再北為飯廳，北為廚。兩客室之北為兩統間，可以宴客。再東為臥室之後房，有皮箱兩疊，再東為西式箱貯存處，有箱架，取物狠便，有箱墊不至受潮。此二室之前為臥房，臥房鄰書房，門為三夾板者圍為竹籬。在南京時期此房平常，在台北中央人員中頗騰上人口。騮先述前夜小竊光顧事，賊三人自廚房摻玻璃開門，內開皮箱四只，取衣出置地板，皮大衣共六件，餘衣甚多。賊心不死，又撬浴室玻璃，經發覺，夫人呼喊，傭起捉人，賊逃去不及取衣，僅失西客室一小鐘。余等在客座，任卓宣來，余同壽賢視房一周，辭出。又同卓宣繞房游園，有雞舍極潔，又有大鳥舍畜小鳥各種，以草窩為鳥巢。園中玫瑰為籬，草坪數處，行走處有石板。出訪于右任先生，劉延濤約于先生壽日八仙捧壽。八仙者白市驛撤退夜，胡亂臥沙發之八人，劉健羣、劉哲、鄭彥棻、林德璽、延濤夫婦、□□□及余。當日喜謂八仙過海，是夜情勢危亟，廣東話謂過得海方為神僊者也。于先生云接受此意。出，至蘭友家食拌麵，蘭友妻女作陪。出，至台北賓館，總裁宴評議委員，葉公超報告史太林死，及繼任馬林科夫之情狀。陶希聖分析軍經及附庸國情形。張羣說無大變更，我人提高警覺。總裁說史之死為美國態度明朗，驚懼而腦溢血，與羅斯福不得為盟主，蘇俄提四強並立而腦溢血相似云。下午二時散，張道藩送余歸，余在盛松如略臥。出，至中華書局，陳嘉猷請往中華影戲院觀藍鬍子，空氣及聲音均不佳。歸中華書局略休，同陳、孫兩夫人照安市場購蠶豆，在局夜飯時食之，極鮮嫩。夜飯後至凌同甫家抹牌十兩圈，天雨，陳夫人留凌家，姚志崇送余回寧園。門尚暢開，內有圍棋一局未散，洗浴後即睡。

3月8日　盛晴

晨秦啟文上樓，談及錢家餛飩，伊送余往吃泡粥、煎餛飩。王郁佩芳已起身，余看伊撫女王敦美寫字。出雇車，車胎爆裂，余給以錢，另換車至凌同甫家，同梅蔭於仁愛路沐陽光於大王檳榔蔭下。十時起抹牌，飯時有鮮蠶豆清蝦、紅燒肉、蝦仁豆腐，豆腐與肉專為余設。孫伯顏夫婦攜子來，其子能發之音漸多，殆是半啞，一切行動他都曉得。孫君語我晝三在上海看病，情況平安。夜飯後有鐵路局工務處建築課女土木工程師修澤蘭來謝余，得調美援軍事工程委員會聯勤工程處。十一時歸寓，得狄慧齡六日書，云近數月謝長茂常感頭痛，寒假起加重，伊辦學責任心重未加注意。開學後忙於校務，二月廿七晚病勢難以支持，廿八日晨趕送台南空軍醫院，診斷不出何病。長茂赴朋友處休息，慧齡歸新營，伊約廿九下午乘快車返，及慧齡到家，而長途電話言長茂已死，經台南省立醫院解剖，知為腦溢血。台南縣長、廠方及各界人士為之料理後事，九號在學校公祭。今後願撫子成人，以慰死者在天之靈。

余又蓀送來傅孟真全集六冊，余夫人曾蜀芳產一女。

3月9日　晴

晨赴立法院，在審查印花稅案上簽名。赴貴陽街實踐堂，自今日起黨部紀念周在此舉行，為時尚早二十分鐘，余至趙韻逸家食奶粉、滾雞蛋。韻逸送余實踐堂，連震東已上台，報告美洲黨務低潮，伊在中美協會釋台灣人民對政府信仰毫無問題。伊游西班牙，體會出中、西復交之可貴，西京有中國天主教學生八十餘人，其中有三粵生入西青年訓練團。次講巴黎與瑞士。散會，余隨賈煜如車至其家小坐，候蔡培火來，同至陽明山再做紀念周。總裁命人讀軍事會議指示，其中釋軍事化戰鬥體，云是精神組織紀律之堅強及較堅強者，請文人不必怕，中國文人無當兵之訓練，易舉此二名以為更可怕。云書中提及總裁日記關於軍事已摘要印出，余擬向秦孝儀索一冊。一時散會，余仍隨賈車至京士家飯，有湯糟魚塊。飯後至梅蔭家睡，姚志崇來，同入長春食堂食担担麵。余至鄭家飯，知朱歐生已得潮州街住宅，基隆樓房讓給樓下國際得七千元，再需貼一萬二千元，鄭明左乳下又有塊。

3月10日　晴

晨在寓小吃稀飯一碗之後，侯佩尹來介紹音樂影片蕭邦之一曲難忘。同赴國泰尋票，今日已換別片，乃至松鶴樓麵。入立法院坐至十時，赴武昌街黨部選舉財政委員會召集委員之候選人，余為主席，朱文德、閻孟華、王洽之三人當選。十一時之後至瞿梅蔭處送戲票，留飯，鹹肉正在佳處。飯後臥至二時，出至孫秀武處送戲票。三時立法院會，高廷梓案余曾附議者付法制委員會審查，余坐 376 位靜待開會，成諧詩云：

三點鐘有詠

遺象國旗鮮，燈光燿眼前，
簽名人四百，亂說話三千；
張道魔仍在，劉僧跡已僊，
空吟吟到晚，定額總難全。

前次余曾作三點半鐘詩

冷院燈空照，無人在座中，
茶箱添熱水，麥克試良工；
鼓板藏何處，花盆不受風，
簽名過四百，只有一成充。

余晤陳鐵，以伊患病交感神經障礙，手大拇指脫甲爛皮，足背出黃水高腫，經台灣醫生鑑定，在骨盤處開刀得愈，此病在脊椎下亦可開刀。

余得史祖鰲書，伊自環湖馬路覆余書，謂齊某係小人，機器一部係一學生取去，現已弄清楚。伊現在瀋陽路三巷十六號徐兆麟處。

立法院散得容易，余歸閱傅斯年哲學與本土言語之關係。五時錦帆率銘傳來，近日又有寒熱會吵，余開食釜山大梨。六時至鄭家飯，飯後同明、怡步行至西門町南陽換毛線，入中山堂，梅蔭已來。三岔口女不出打，孫元彬充店夥稱職，徐露宇宙鋒唱不過弦，戴綺霞戰宛城因曹操、典韋、張繡、許攸均差，聲光亦減，戴亦潦草。散戲係十一時三刻，余送梅蔭回寓，伊未曾看過戰宛城。

3月11日　晴

晨起孫秀武、方肇衡來，秀武約以本月廿六日游阿里山，余辭焉。同至梅龍鎮食麵，以蒸餃為佳。出尋錢馨斯未得，至徐宗彩衛生所讀伊弟來書，知翥青丈病將不起，醫藥營養、身後布置均艱，翰青世丈及六婆婆亦已故，惟四爺及壽康生涯尚好，安姨赴上海徐玉英處。余允助美金十元。歸寓，徐向行、朱慕貞來，於慕貞處得十元，託向行帶與宗彩。先府君在少逵表姑丈家教書，與翰、翥二丈唱和，余兄弟讀書翥丈予精神、物質援助。余兄弟自海外歸遭先君喪，翥丈宅太倉方全盛，畫三在沙頭開業，婁、琴一帶翥丈為游揚，以至於建菴就棉業、出國、歸任各事，翥丈歡欣相助。翰丈思想新穎，助余辦理璜水中學。余未能歸去，而耆舊彫零，相知永絕，不得已於傷痛中懷也。翰丈死僅得一棺，可見得棺之不易。

朱文德來運動召集委員。中午余在寓飯，飯後略睡，攜白蘭地赴梅蔭處。閱張文伯稚老閒話，陶模請稚師及惕生先生辦廣東大學堂是在辛丑年。夜姚志崇來同飯，梅蔭燉百葉鹹肉、薺菜肉絲，兩嫌過油。百葉燉碗中又有蝦仁，煎臭豆腐干中有冬菇、竹筍，嫌太雜，余作評極苛。夜飯後余至中山堂參加台北區空軍晚會，牧虎關之後，季素貞、徐露雙演泗洲城之水怪，最後段承潤鳳還巢唱做稱職，余頗愛翠首飾顫動及陪襯之紅花。十一時返，鄭澈滿意，澈到台後未曾一觀京劇。

3月12日　晴

總理逝世紀念日，今為植樹節。錢馨斯於余未起床時來，同上中央市場購蠶豆，馬詠齋吃雞鴨血湯、生煎包子、蹄花麵，湯不鮮而包子非出鍋者，味平常。余入立法院，選舉朱文德為召集委員，曲直生為程序委員。余入文化會堂210號訪奚志全，房小而月需四百元，奚孕體發胖。出，至北樓吳嘉行室觀畫，二百張尺頁得二萬新台幣，而裱工需八千。下至七號訪羅淦清未得，皆困乏者所住，今晨所至之處皆從未到過之處，極有趣味。在寓飯，有鹹魚，雷儆寰夫婦請張正芬、張明、張道範、趙君豪、徐鍾珮、徐夫人，拉余同桌，余辭之。飯後略臥，臥起尋張藕兮，臥房兩窗可啟，半衾空跡而人不在，門亦不可開。余至郁佩芳處飲紅茶，王毓琛尋藕兮不在，乃過工專前，越溝至趙耀東家，與醒石夫人及郎英譚。醒石在國內之子女男已婚，女已嫁，婚者婦已有身，現惟郎滋未婚，但亦已畢業大學。余賀郎嫂事畢，伊謂彼勿打來、此勿打去，豈非甚好，但勢有不能耳。出，邀王子弦夫婦東門町慶餘堂前蓬帳內食生煎包子及燒餅。坐零路至雷家飯，余題德國學生所造之酒曰澀櫻米酒，澀其味，櫻桃其色，米酒標其類，余飲三盃覺倦。自博愛步至中山堂，口吟「微酒愁千疊，爭如一瞑安」反覆數次。入中山堂，季素貞搖錢樹，徐露法門寺，唱做甚穩而不能起彩。徐母與余鄰座，余言尚需高些而更用力，伊云金殿裝瘋係初次，今年叫名十四歲。最後戴綺霞破洪州為楊六郎致敗，穆桂英掛帥，楊宗保作先行誤卯，不聽命被責四十，桂英臨陣懾於妖鏡，產後三朝縛嬰上陣，以鳥布破陣之調笑戲。扮相圓潤，台步流利，表情足彀，而唱竟有嗓，無怪空軍傾愛也。孫秀武未到，李向采看至戲散始別，羅志希亦來觀劇。

3月13日　陰，夜雨

晨突陰寒，凌英貞來邀余三陽春雞絲干絲及蒸餃，談院內外可笑事。九時院會，高廷梓辯正立法院發動之案，以原案送行政院一份，其餘照憲法各有關條文分別辦理。十時舉陳桂清為經費稽核委員之後，余出席中央黨部業務會議，正商眷屬宿舍不得宿舍者月給房租津貼200案，列副主管住房及林家花園自己頂下之二人應貼費。余主提出審查而列作以後解決，應例外復有例外，例外而起糾紛，妨礙正事進行也。余於黃志大年卹金主皆例二等。歸途遇璧子，永安遇朱鍾祺，無所得。回寓又食鹹魚，飯後略睡。下午閱傅斯年論文，論史實新解者比論時事為佳。二時入國泰為羅馬妖后影本之觀者，遇監察委員二人。散戲入交通銀行，與某君譚周佩箴周年祭之準備。天雨，至王豐穀處飯，擬定期宴龍門校友。夜飯後歸，以三夜遲睡，即返寓上床，竟得美睡。

3月14日　雨

晨閱傅斯年大東小東說，賞其附圖姜原周東封與殷遺民。吳保容因開會來坐，路平甫來送余英國煙TURCOS二十枝，昨女立法委員錢劍秋贈余黑貌A五十枝，余之煙景祇能吸半枝，半枝之後用玻璃盃蓋之使熄。平甫論外匯核准得少，船載大減，關稅亦減，而交通部核准航行之船則增多。又云出口有無謂之手續而坐失時機，如水泥如煤，香港所需而非大陸所要，前數月日本無貨，而此間因準備手續未能出口，今日本已出口而我則失之，又我守死價，而日人定價外又微微讓價。平甫又告我朱人鐸之妻已婚變，人鐸應來台，需要益迫。十一時徐香英來，伊金牙落肚，X光照不出，而餓極腹饑，余乃請之上梅龍鎮點飯。飯後余至錢家，臥桑圭房，同藕兮說笑。三時至陳家休息至五時，自水田間至陳仲經家候伯稼。六時回，至孫秀武家飯，有黃魚及蝦米白菜，以滷豆腐干為佳。飯後向采出時人寫件請余賞玩，八時陪秀武坐車至寧園，余歸途。浴後睡，日間曾吟詩一首。

長春路書所見

微雨長春路，有人獨倚閭，
過車皆不是，暮雨幾曾疏；
久待浮焦灼，迎逢躍翠裾，
緣知為母女，淺笑得相於。

3 月 15 日　雨

晨金秉全、祝毓、黃曰昉來，余同曰昉明湖春食素蒸餃，因勸其勿暴躁傷身，並違胎教原則。十時至中和鄉，飯於黃仲翔家，與朱綸、王元輝、張師長、劉君譚。二時歸市，入東吳應崑曲同期，為時尚早，入立法院黨部小休。三時復往，俞國堯、鄒文益夫婦作東，俞唱佳期，鄒唱琴挑，餘人唱訪普、折柳、陽關、罵曹、拆書等戲。天雨，唱者都來，賞音者不至，主人備成孚船點六十客，祇消其半，點心中有小白兔鹹心，徐太太帶回一窩。六時散，余至俞良濟家飯，良濟夫人病傷風，未下樓。飯後歸，知陸匡文率子景堯來拜，景堯已蒙余、薛介紹於台灣銀行，俞鴻鈞屬余在虞克裕前一提。余曾為致書任顯羣，不售也。夜大雨，得早歸為幸。

3 月 16 日　晨陰霧，下午有放晴意

晨八時起，入中山堂投請徐中齊柬，至實踐堂又向張壽賢投

啟江、子弦柬，擬以十九日午宴黃仲翔生辰。九時中央紀念周，陶希聖報告俄史魔之死。同郭澄坐新修之 2224 車至陽明山，十時紀念周，讀反攻大陸應有之黨政實習業務，未十一時而散，總裁恐有他務忙碌，原定之院務會議亦停。十一時一刻返侯佩尹寓，十二時半在劉大悲家飯，飯後飲嘉義咖啡，休於佩尹床。閱曾紀芬崇德老人紀念冊，紀芬為曾國藩幼女，聶其杰之母。三時返寓，閱傅斯年論文。六時至鄭宅飯，明因赴廠工作在即，奶疏不易通暢，一路通了一路又塞，擬回奶以奶粉畜德欣。德欣近方面色紅潤，用奶粉後健康當不如母乳，但帶領極難。飯時葉先生同坐，飯後回寫周佩箴周年祭輓詩三首：

諸周來者君兄弟，耆碩先凋惜籍咸，
（籍謂湘舲先生諱慶雲，咸謂柏年先生諱覺，皆善書，能文章。設計收復莫干山並經營天泉，山間多竹樹，余曾作竹林懷阮園以追悼之）
叔姪道山同日赴，廿年君往集僊巖。

柏年直斥令人懼，君每謙恭接眾流，
開國籌謀功第一，聲名籍籍去悠悠。

相晤頻頻述效忠，刳肝瀝血氣殊雄，
我言君聽應無憾，遺策今將助反攻。

3月17日　晴

晨赴立法院，門閉，上堡壘廳追加預算審查會場，財政委員會審查部分在後日，乃同陳志賡赴善導寺，於路上譚先烈不易求得，志賡屢冒險犯難而不死也。寺中今日為周佩箴周年祭，頌西、俞俊民、趙志垚、姚琮、樓桐孫、朱鏡宙、王惜寸、竺紫珊、陳勤士、陳沚汀、趙葆全、于右任、王世和、錢大鈞、周召棠均至。勤士先生扶鈕女士至，其人亦不俗。余候至上供念心經化錠，乃回寓飯。飯後臥，臥起走告鄭明不往飯。赴中央黨部還書，出，同嫩江王兆民中光品茗，譚蔡孑民先生之偉大。四時半赴圓山，立法院留法同人歡送奚求黎、歡迎加當茶會，加當頗活潑，云赫里歐垂垂老矣。六時散，余同謝次彭三陽春飯，飯後歸，黃壽峻來談鐵路上種種久之。

3月18日　晴

晨李向采與孫秀武來，述不擬隨錢慕尹赴阿里山，惟愁嘉義無宿處，囑余設法。余請伊等往松鶴樓食麵，余至陸孟益處作書覆胡健中，謂中央日報待命人員、職員各舉一人，與其工作足以替代之人，經實習後將來分往各處中央日報。隨入立法院，審查印花稅法修正案。下午復往訂正數十條，到者極少，自立法言之，極可憂慮。財政委員會薦任科員時兆培對文耀極同情，屢以不可開缺之說陳諸祕書長，今日以證件不合被調為額外，撫諭其安心工作，兆培不安於位，亟圖他往。主任祕書包文同受祕書長責備，施文耀何以有一長時期聽其不請假又不簽報李笠侯，係霸才不以為可既久，必欲去而為快。此番舉動調者時君意在耀甥也，久不聽調，不但損及別人，且將根本有失，余極憂之。飯後曹瑞生來，云將赴桃園投考土地銀行。余因為歐惠清請求在新竹考至中國農民銀行，託王君□□設法准歐投考，並寄信與翁序東，談楊佛士述翁松禪一文極平實。四時入中央黨部，與羅志希商黨史委員會開會各事。六時至陳嘉猷家，同姚志崇、陸孟益、陳□□同飯，梅蔭兩陳鴨被偷，因而殺了有蛋之母雞，極心痛，今夜諸菜雖有雞兩味，並不可口。九時席裕同邀入台灣戲院觀霍夫曼戀愛木偶及浮尼司妓及肺病歌者之生平，歌唱盈耳，未見所長。十一時散，倦極而睡。

3月19日　晴

晨錢馨斯來，謂余勸黃曰昉生效，同出購西瓜及零食。余至中央黨部修正提案三題，十時半返寓。黃仲翔夫婦攜子來，後有徐向行來，惜其二伯父蕘青先生於二月二十三日逝世，余昨得徐宗彩書已知之，極傷感。十時黃曰昉來貸送人情款，徐、黃既久，壽賢引子弦夫婦及其孫女來，壽賢夫人未至，余往請鄭明，歸，王啟江來，徐中齊夫婦來，迄仲翔女苾苾來而入席，鄭明來吃拌盤，中齊入座，拌盤已盡。諸人盡白蘭地一瓶，余出黃小堂所贈扁瓶，諸人不欲再開。子弦、壽賢自余迎鄭明時吃起，云酒味醇美，菜為彭長貴親作，鄰室銀錢業坐汽車者兩桌，余出最少數三百元，彭可挹彼注茲，以魚唇、雞肚、冷鴿、蓮心為佳，殿以大西瓜，經冰凍後味不惡，每人一大片之外，僮僕廚司皆揩到了油。徐夫婦往中央印鑄廠房，即北投別墅，李君佩去年曾住者，徐夫人亦云味佳。二時散，王子弦同黃眷游北投，四時黃子來取去寄存之自行車，窮人宴會，其痛快如此。黃夫人胡元度愛余所藏放大書譜。午前張默君、方子丹來借寧園，經詢問十日內不空，辭之。夜到雷孝實家飯，為秋心女史閔湘題畫，山水已有進步，同嚴慎予夫人羅飲澀櫻米酒，遇雷媳帶孫女、孫男。夜飯後攜炸甜糰與鄭明，遇朱歐生新遷潮州街。出，林在明送余七路車，至工業學校前，公共汽車幾與三輪車圖衝前者相撞。入錢宅與藕兮、遜先譚天，並勸桑圭注意操作。藕兮送余自六路回。

3 月 20 日　晴，夜豪雨

丁熔青來，同余吃沅陵街生煎包及西陽街廣東粥。余入中央黨部，遇沈祕書。余略閱二十三日開會用之提案，入立法院聽葉公超蘇俄兵力政治經濟附庸國之推測。鄧翔宇語我劉振明已在內地自經死，鶴九有信致其弟冀轉振明信，被原封退回，附註已卒。余遇陸京士，知陸銀桂定廿二日下午四時在記者之家與侯賢甫結婚，余送賀禮一份。侯、陸同到寧廬親請證婚，余未晤。下午立法院院會停開，余至侯佩尹寓休息。四時至中華書局說笑，六時至萬象觀日本精印淳化閣帖，有翁覃溪跋，係不佳之本。邱梁介紹余往觀，萬象主人謂應令邱梁貼還車錢。出至美而廉，應朱文德西餐，歸同秦啟文至錢家打八圈，以連莊計，幾有十二圈。十二時後始歸，天雨甚猛，念人家屋漏濕床者，不能入睡。周君、賈君來商蘇松太月會事。

3 月 21 日　陰

晨錢十嚴丈來觀文明書局所印興福寺碑，並商定悼其胡夫人五周年七律一首。同往梅龍鎮，遇劉象山，同食麵餃。下樓，余至中央黨部黨史會辦公室閱稿，託王介民發廿五中午請客帖。入立法院印花稅審查會，余仍主股票之臨時收據免貼，及國外發票祇用於訴訟及抵抗第三人時補貼。十一時半返，時兆培語我四十一年考績案施文耀降級，此又李中襄祕書長起霸作風之一。

予之國民身分證號碼，台北市延金字第五五七號之一。

飯後至錢家助人剝蠶豆瓣，臥床閱報，三時許忽覺不耐，赴梅蔭處臥，小麻雀，俞康夫人、顧、章諸太太在打牌。余夜飯有鹹肉豆腐湯、竹筍絲、韭黃蒸蛋，候小阿姨食畢，梅送我於長安東路。余至錢家打八圈，同秦啟文回，得破車，天又大雨，向北向東，雨點著衣。浴身後始睡，閱伍稼青游記。

3月22日　晴　星期

侯佩尹來喚余起，謂某婦學洋裁二年不輟，述於人云某同學之夫到某洋裁處找其妻不得，豈非自討沒趣，某婦蓋有取瑟而歌之意。出，同佩尹食生煎饅頭及餛飩，佩尹云饅頭佳。余至中央黨部閱黨史會報告，同許師慎往賀鈕惕生先生八十有四生辰，鈕先生不在家，坐車至長春路，梅不在家。至中華書局飯，孫再壬備青酒，飯後臥，回寓閱伍稼青游記。四時至記者之家，為侯賢甫娶陸銀桂證婚，遇陸之璘攜眷及子女，沈元明云大溪伊寓之對面有住房可租。銀桂塗松人，聰明，得京士夫人歡，為之造四千元木房，住在一起。禮畢有酒二十餘桌，並有堂會，以朱培生之上海滑稽為佳。余至凌家吃飯一碗，同甫謂曾集熙尋我不獲。余返陸家同女客打牌八圈，花樣較多，食粥一盂，至十二時始返。

3月23日　晴

同劉象山松鶴樓麵後，象山今夜歸鳳山，伊擬辭卻主任委員而無他事可謀，余慰勸之。余入實踐堂聽鄭彥棻海外黨務報告，伊說華僑往外國非有計畫之移民，而是甲牽乙、丙引丁之帶往，故某國某城某縣人佔多，皆因歷史關係，余認為有趣味。散會余尋沈東美不得，乃回寓閱中國文化論集，張其昀等為吳稚暉先生八十進九祝嘏而編印者。飯後即至秀武處送米，至殯儀館，弔蔣緯國石夫人之喪花圈極多而無用，余與陳景匋請其設計改良。余至中華文化出版會索曲選，邵君借余北齊朱君山碑，余頗愛其點畫，攜至奚志全處小睡。奚為槌，始覺椎右有傷痛處。三時半至台北賓館，先觀小展，張岳軍自日本帶回萱野及山田兩家所藏本黨史料，有「中華革命軍發起人」木印、中華革命黨誓約書五百九十九號，總理親自編號訂兩冊，入黨者皆親自書約，並蓋右拇指模。鈕先生為十七號。岳軍先生云抗日既勝，總裁電上海妥善保存本黨史料，李釋戡、擇一言之於福田中將，但一部分已散佚，山田得之。萱野長知所藏者先送商啟予處，啟予於岳軍將離東京之前一日交來云。四時開會，報告畢，委員十人坐而攝影。討論案畢，中央各組會來開飯，兩桌備酒，八時散。余探鄭明，方服中藥。歸途尋法文書未得，今晨曾往大陸為汪抱玄尋書，未得。余問張曉峯中國文化論集書簽何人所書，答云係集黃石齋字，剛正之氣宛在。余所書書簽嫌太媚，今後宜求古拙。

3月24日　晴

晨俞士英來催余醒，為槌椎背。粥後歐惠清同其未婚夫辛學祥來，求為伊謀事。余至立法院通過追加預算，余歸訂中監會補助人之收據、謝信及雜件，標為互助為克難之本，成第二冊，其第一冊訂於三十九年十一月九日。飯後朱鍾祺來，謂永安艱於提款，鍾祺請余往蔣君章處，商中央輿地學會應付永安黃君之款付伊手收。余至同安街九十七巷八號，訪蔣不在，留字。出訪狄憲英，約清明午刻宴同族於憲英家。余至樓家小坐，方含英正愁兒子發痧。三時至中央黨部代羅志希出席工作會議，為紀律委員會爭得一可以參加考績之人。修正審計法，余主請行政、監察兩院各以某種主張為中心，而擬成修正原則，與會計決算等法成為一套修正案。五時半余離坐，張曉峯雖云自今日起工作會議備飯，議不了飯後再議，余不能遵焉。劉和生架車送余鄭家，鄭明捉鼻飲中藥，束身穿新長衫。出，至老振興謝人送禮，鄭嫂愁無錢堆磨。余趕歸，欲晤錦帆，錦正陪文耀上車，送文耀抵迪化街寓復來。銘傳散歐小姐所贈橘子滿地，又會自己開罐取餅干，活潑一回乃歸。

3月25日 晴暖，薄暮寒，夜風

吳先生稚暉師八十有九歲生辰，連日報紙登載照片、行誼、壽辭等，中央委員會在實踐堂設壽堂簽名祝壽（原定台北賓館，因外賓住改）。余房有丁溶青、沈裕民、黃曰昉，曰昉陪余至博愛路。余拜壽，遇趙韻逸、續新、則中、俞勗成、楊愷齡均在。余同韻逸往台大醫院 702 號房，師興奮一陣，已關門睡。余搭余井塘車至強恕中堂，在車中與井塘論書，伊寫草書時為多，余所見者為伊之行書，中鋒而行間太直。又勸伊閱時人不中看之詩，與古名人相比較。強恕在門內闢一辦公室為壽堂，堂懸紙燈五盞，盆松一株，教員撰一壽文，學生出一大張壁報。余在堂招呼，丁汝磐、王懋功、陳繼承、錢大鈞、武葆岑、葉秀峰、陳海澄、陳桂清、沈德仁、王建今、洪蘭友等余皆見之。蘭友語余本擬在長春路覓一地建江蘇同鄉會，工務局查地籍，三月無消息。余主在強恕建一禮堂，拆現在樓申至低地。張壽賢云此事別省易為，江蘇派系觀念不易為。武葆岑謂江蘇聯誼會盼狄公，不至，無人說笑話。吳則中語我又將命伊任汪公紀位，又談及吳先生養病種種。十時一刻余返寓，魯若蘅、邵健工已上樓，劉塵蘇、李永新繼至，姚容軒亦上樓。十一時遷樓下，白上之、張懷九、劉贊周、王化南至，共圍一小桌，各人就紅紙書詩經一句祝吳先生壽。後至者張默君、程天放，默君於民元自敘三十歲，今當為七十二歲，自述稱今年六十，同人以為笑資。王亮疇老喘憚煩，李曼瑰下鄉未來。開席後吃至將一點鐘，共往台大醫院，與吳先生握晤。吳先生講看護之有益及窮人病不得回寓，食麵及西瓜乃散。余小睡後入立法院，聽嚴家淦窮報告，立法院於預算增加糖價，行政院將實行耕者有其田，皆得了經濟反應。嚴又述將就對等基金謀軍公教人員生計之改善，說得可憐。余至侯佩尹寓，商為吳先生鑄銅範象，及於陰曆生日集里昂員生為攝一影二事，費時甚久。七時五分始到梅蔭處，姚志崇及梅已飯畢，醃鮮百葉湯、蝦仁蠶豆、蟹粉魚肚，余集蝦仁、蟹粉請炒蛋，味佳，此外有醋王瓜。飯後與晏太太姊妹說笑，與梅譚至九時，回寓浴後睡。今日中監會舊負責人商明年吳先生生日集中央省市縣曾為監察委員者集團慶祝。今晨強恕有女童軍□□□服務極周。

3 月 26 日　陰，有風

晨丁溶清來，過梅龍鎮未開門，五芳齋無湯糰，乃吃生煎包子。入立法院參觀美術展覽會，郭雄憶沙田圖、楊英風雕刻人象以磊字為名，又有雞鴨浮雕皆佳，宋膺攝影「靜」亦靜穆。余參加立法院決算審核會，聽張審計長報告一回。回寓閱文化論集論詩、論舞，飯後至佩尹處讀西廂記。四時回杜家，與杜小姐閒譚，走至李向采寓，知向采夫婦中午已走成。余臥床，觀墨皇聖教序崇寧諸跋。五時半至雷家飯，馮閔湘備紅蹄、黃魚、蠶豆等款余。閔去而賀鳳蓀來嬲余五元，攙余不允。余過張懷九家，自窗間望懷老，方食麵，知昨宴無恙，乃至錢家，遜先得家信，母歿蘇州。余與陶先生同出，乘七、六兩路分道歸，知狄慧齡攜謝如岡自新營來。昨余自延平北路下車遇陸以灝，知伊兄以元、以漢皆安。以漢即雲章子孝武，在新生報，女及女婿亦在台灣。

3 月 27 日　晴

晨狄慧齡攜如岡來，每哭如岡呼母，侯佩尹亦以為奇。赴梅龍鎮尚早，昆明街三六九有樓，食已與慧齡別。余介紹侯佩尹至陸孟益，侯、陸舊相識。余至中央黨部業務會議，代郭鏡秋為主席，約四十分鐘。於日本報紙進口，余主乾脆不許，芳澤知其不易邀准。於香港余主有重要黨人策畫經濟。十一時至立法院，已通過西班牙約，散會。余歸整理行裝，王雅來訪，同往明湖春飯，乃揚州廚，生意清淡，不免停歇也。余至中華書局，送兩西瓜與陳嘉猷，晤志崇、邱梁及梅蔭。吳亮言交余吳縣一瞥校稿，余以之交張伯雍，百雍近又欠佳。二時蘇松太月會，到六十餘人。劉永懋講日本及台灣漁業，周自強、邱人海講嵊泗情形，丁似庵講設治經過，沈德仁講內地及香港情形，謂願來者不少，望余引進。五時散會，余至王豐穀寓，論為社會服務之益。夏老師譚台大校長錢思亮呈辭，部中已退回，聞係上、下午開教授會議，上午法學院鄭學稼、盛成攻校長及總務長，下午理學院中人攻總務長，辭連陳誠。校中員生食米三月前欠六萬餘斤，校長最忙最苦，遭人罵不如辭之為適。院府人事更迭謠之已久，亦足使人生心，甚矣，政治之難理也。十時天雨，至台北站候車遇熟人，在站長室候車。站長瘦長面孔□□□，其兄□□留法，在滬被匪槍殺。十時半上二等臥車十四號，四鋪位一室，弄堂太擠。

3月28日　雨

晨四時醒，即起整理行裝，五時二十分至嘉義站下車，黃壽峻來迎。洗臉後，余於黎明中雇車，至熔劑廠北空軍宿舍第二十五號王為鐸家探子壯嫂，知其家用不足，為昭嫁後生子，為俊、為英讀書尚好，姊妹皆仍為家庭教師以獲補貼。在王宅早點後即至車站，得山林管理局二等免票入山證二張，於車站上車，遇龐松舟女攜子上山，車上人擠，台中軍醫院院長及各科醫生均站立。車發至北門，兩旁皆木材溝渠，不通人行，泥淖中經灣橋、鹿麻產，而至竹崎，平地已盡，車漸上升。經木履寮而至樟腦寮，有來託盤售香蕉者，一元十隻，香冷而甜。再上，經獨立山、梨丹寮、交力坪而至水社寮，車停甚久，在此候快車下，上坡車機車後送，下坡車機車前引。再上為奮起湖，余同黃壽峻、黃君春榮（新營一號信箱）及其女伴徐、蔡二人下車，擬進麵飯，甫脫鞋上榻榻米，而車上汽笛已鳴，余等祇飲水一盂，幸壽峻攜有麵包、牛肉，得以充飢。自此山洞漸多，遇隧及澗，則以木架支鐵軌，大概火車出洞、上橋之外，則延山邊開行。天氣在此時放晴，時見雲海中矗起綠山，有峭壁及伸出之山脈時被雲遮，瀑流照雲後，如懸白線，此為自哆囉嗎、十字路、平遮那之景。至第一分道，則車橫行，如梭行林道中，車忽暗沉，時見巨木斷木燒林後之斷肢遺根。經二萬平而至神木，木柵圍神木，木為紅檜，有游客自此下走，上阿里山車仍橫上。至阿里山集再上，則名自忠，係高山族居處。時天雨，余同壽峻提箱及被包下坡尋阿里山招待所，經三代木而下則為所屋，屋近段重瓣櫻已長葉留殘花，地上花瓣甚多。余等為山林管理所招待上樓房，下為櫻園，遠看山頭，景色甚佳，房為樹皮作頂，皮切成方形。余等洗臉飲茶後出所，下坡過橋，經郭君寓所前，見兩婦挾一六十餘歲老嫗游山，又見一年輕婦背一三、四歲之女孩，女孩方咳。余等下至將近博物館之處折回，壽峻云留作明晨去游，云游盡則明晨無可游。余等撐傘歸，招黃君與二女來飲酒，二女辭，託黃君來謝。黃君住新營，識錢元龍，余乃一黃筱堂所贈 Curio 威士忌贈元龍，託黃君帶歸，黃君別以高粱酒一瓶及薰雞為贈。余同壽峻對飲，飲畢對眠榻榻米。二人發三被，侍女曰今夜有客六十餘，只得減少被數以應。余幸帶一薄被，帶之甚累墜，陶君且勸勿帶，至是大派用處。填循環簿時，知張吟秋、趙翩清、姜鳳珍、張禮文、蔡馮晉蘭及李向采夫婦及方肇衡昨晚宿此，今日已行。夜窗外豪雨狂風，余睡極穩。

3月29日　雨，北港霏雨

晨六時起，天雨，呼稀飯，云馬上來，歷半小時不至。余進碗半稀飯後，見旅客於八時許紛往車站登車，怕後至則站立，余等放棄博物館，踏水坡而上，櫻花益零落。攀車數次，尋得昨所坐二等車，台中聯勤第三總醫院醫官二十餘人已擠得滿座，外科部主任王佶（字吉人，曾任浙江省立醫藥專科學校校長）、骨科醫師吳長佑（浙江臨海人，曾受俞時中訓練）皆在。余先講笑話，王吉人和之以醫弟以木塞治水瀉，敲鑼使嬰兒速下為最有趣。過神木，余等下車，黃春營（新營一號信箱）為攝一影。天正下雨，上車又攝一影，不知清楚否也。過此窗間眺望之景益佳，以峭壁懸瀑六、七道及森外外雲海為最美，善繪者亦祇能繪得一、二分，已能博得贊許矣。過奮起湖，食麵一盂，至下午四時而至嘉義站。陶德麟來候，德麟已為備游北港之汽油車，車走糖業公司小鐵軌。過天橋盡頭，得如轎車大者，約行二十里，先經新港，再至北港，街路寬廣清潔。余同壽峻入媽祖廟，今、大正、昭和之扁對甚多，求神問卜者甚多。旁有武城宮，祀子游，真是奇事。出廟門走大街，至橋標石柱為雲林縣界，乃回。在分類菜市購比目魚，索十三元，還十元，嫌腥未購，其人亦不肯讓價。過一北方人開之飯館飲水，六時即至車站，上汽油車，油不上管，澆油多次，乃過橋，過橋後又停頓，幸發動後順利。以七時十分至嘉義站，陶德麟候，至伊寓食下女所煮飯，同飯有陸君，陶、陸、黃均未婚，飯後談不可不娶，諸人傾聽。八時半至王為鐸家，為鐸出迎，溫文海妻方整行裝，明晨便機返台北。王為昭及其夫劉在，劉求退役別任事，王為鐸月入祇六百餘元，謂無理由聲請退役，退役收入較裕，子壯嫂亦求任事。又談啟江夫人與為鐸相晤情形，謂四月五日來游嘉義，余均安慰之。九時一刻南靖糖廠派 64 號車來迎，九時半至南靖，宿招待所。周星北出所藏惲壽平、莫友芝手跡，有江蘇書局開印書籍種種，余極愛之。

3 月 30 日　雨，台北晴

晨起抄惲格與其甥錢叔美書，周星北來，同進早點，麵包、麥片、牛奶、雞蛋，宛如都市。副廠長安君贊、代用國民學校校長吳德霖、謝長茂從堂弟謝長佑均來晤譚。九時南行，至海豐走泥道，汽車甚難行。走至芭蕉房，有一茶座，車停於此，陳管理員導行田塍，自一索橋側過一竹筏橋，又過一堰，上坡至一草坪，則為鹿寮圳蓄水庫。有張君在此司事，出圖說示余水庫之設置、給水之區域、造林之計畫，皆自日據時已開始，幾經變遷，今歸南靖糖廠接收，歸農務課水利股主管。余等循石階二段，上障水堤望蓄水池，面積凡五十七公頃，集水面積可至 770 公頃，溪山在煙雨中，眼界頗為美麗。余遵星北囑，擬尋水源，謂水源地景物更美，溪旁艤一汽艇不能行，有巨筏已赴水源，導者謂小筏恐不穩，天正濛雨，余乃息尋源議。望放水槽，入機器間，開燈下望。在管理員門前賞玩洪陸東所書鹿寮圳三字扁，乃回。是處有空房可以靜修，又有軍隊住宿養雞空房，星期假日有空軍攜眷來游，余謂宜備划子，且在堤上築室瞭望，星北謂宜造竹亭，避暑勝處也。歸途以來途泥濘，改走白河諫壁公路，十一時返南靖。

謝長佑述長茂六安新安集人家，與王培仁相去不遠。長茂之二叔有文名，長茂肄業安徽省立專科師範學校，校初設霍山，後遷安慶東門凌雲寺下，四年畢業，長茂以成績著稱。在江蘇淮安職業訓練班識學生狄慧齡，匪難走廣州結婚，到岡山同教書於空軍子弟小學，生子如岡。到新營任教務主任，為女校長契重，而以校長讓長茂。長茂努力於職務，到台南患病猝卒，經解剖知為腦溢血，昨始得撫卹金、保險金及同仁互助，校長為二等待遇，得四萬餘元，歸慧齡存放。公祭之日，哭成一片，舊校長又為傷心真至，長才中折，極為不幸。

余歸南靖，訪星北夫人於其廠長住宅，稍坐即回招待所抄莫友芝信，抄之不已，星北允攜回台北再抄。午前至其住宅，閱餘人致莫子偲書及揚州小名家扇面，又尋得莫友芝書易經一紙，首尾完全，陳書畫花卉絹本一小幅。中飯時有素雞、獅子頭、酵肉等菜，星北幼女攜業南光中學者在席。星北之第□女同秀峰子同落海中，秀峰子教以如覺下沉，則以腳踏水，既而云完了完了，星北女曰我不肯死，俄而浪來，秀峰子不知去向。秀峰子會游泳，星北女落水一處，未見其手持何物，傳者則云手捧金條一箱，身與金俱沉重，陷秀峰於可憎之域，慘哉、慘哉。

余於飯後回招待所小臥，以在略飲高粱酒之後，小睡甚美。謝長佑來，呼周、安、吳皆來送余。於三時前至嘉義站，陶站長謂李向采等晨已赴台中，有往游日月潭者。余上車，遇龐松舟女，又遇泰興嚴棐賢（滋森）今為鐵路管理局民防總隊總隊附，太倉公立醫院成立之前，伊住在蔣家花園，譚太倉各鄉情形與江北各縣位置，云民國二十三、四政治清明，江北全盛。又遇鄭聖樑為澎湖主任委員，今晨自澎湖飛台南，歷二十五分鐘，自馬公島中心至機場需時三十分鐘，客抵台南，送者尚未至其家。又遇台中青年楊君業紅糖者，望余以暇日參觀其民營工廠，又可參觀糖廠，至前原始用牛力者。七時赴餐車飯，同李適生（慶麐），幸陶、黃關照，得一排骨菜飯。適生與青年譚讀書、娶親、糖之工價等，與余則譚米價及解散安徽第八宣城中學、惲代英赴滬之經過。九時半至台北站，全站烏黑，余得車歸寧廬，聞警報，傳海面有不明機二架，後傳四架來襲，防空洞邊來躲者不少。余入浴，浴將畢，而警報解除，夜睡頗安。

3月31日　晴

晨同秦啟文各進粥二盂，為半年來希罕事。九時赴立法院聽郭寄嶠軍事報告，余聽至大陸游擊隊布置，乃退，教育及實習確有進步。歸寓，梁慧義來，新年余與以新台幣二百元，其鄰居太太拉伊馬將，致負二千三百金，以七錢重金鏈作抵外，尚欠千三，日日摧逼，求余設法。余勸以勿再入局，同伊在梅龍鎮飯，馬光辰為付帳。歸寓臥，淩廣興來，述居先生哀思錄應付九千元，三月來捺伊處未付，昨周宏濤責之，將予處分。余亦責其不應如此，仍為函郭鏡秋，謂拉差冀青年得歷鍊，不意其如此，如不得免於處分，懇格外從輕。此兩青年今日先後來，可憫、可笑。四時至晏家，知晏陳前、後房出售七千五百元，晏謂給陳五千元。余至王、錢兩家，分陶德麟所贈之新港飴，外飴而核為花生酥，和以乾粉免黏，見王老伯母正打牌，羽霄正飲酒。余至鄭家，味經嫂過勞而病，分新港飴與諸人。飯後余至中華書局，晤陳嘉猷夫婦，同梅蔭訪秀武，知伊等留關子嶺二夜，雨中游山，有人滑失致仆，歸車補票，損失甚多，人化三百金以上。

在南靖糖廠所見周厚樞（星北）藏墨跡

（一）惲格於禫服中寄其甥錢叔美（杜）書，云吳門一帶大水，太倉已淹去一半。（是年）格五月杪到吳門，六月初郡守曹公父子相邀入署，禮數甚至，盤桓半月，始過婁東謁王煙翁。不意舟到婁而煙老即於此日疾作，止於臥塌前兩番執手，十年彼此不晤，夢寐懷想之情一句說不出，含淚相看，不能相歡敘，真大恨事。一見永別，人生離合有定數，不可強也，因此歎悼鬱邑，賞音既去，流水絕弦，便欲放悼遄歸。而此間諸友聞吾名久，必欲挽留，且煙老七終舉襄，會葬之期不遠，既來此，似難恝然，歸後再來即萬難矣，故立意暫留此。石谷兄亦再三苦勸，太倉亦頗有好事者，欲為我稍潤行橐，此機亦不可失。

> 膺按：太倉王宅藏有門庭簿，傳有惲壽平所記人名、禮品，就前札知其為煙客喪無疑矣。格作此書，細筆直體，尚未圓腴，與予家所藏耄耋圖題字同，則吾家所藏乃真跡也，不得以所繪花為罌粟疑之。又晚汀詩稿云吾家有惲壽平梅花畫壁，不詳年月，惲到太倉不祇一次，決非在此一行，亦可意知。

（二）莫友芝答平越峰書，稱越峰二丈，友芝在苫。次稱十月之末買青田山於樂安江上，去子尹家可五里，將以月之廿二奉先君往厝，結屋其間，長共相守。友芝遂為遵義人，固遺命則然，亦貧實為之，謂之何哉。

> 友芝為莫與儔（字猶人）之第五子，與儔獨山人，任遵義府學教授，道光二十一年七月二十二日卒（79 歲），將絕曰貧不能歸葬，葬吾遵義可也。

（三）莫友芝書景壽春（字芥庵）墓表稿，甘泉李汝鈞作表，莫友芝敬書。上石內稱景氏其先江南人，明永樂時景雙鼎以定南侯征苗於黔，今為興義府人。壽春子其濬咸豐二年進士，日講起居注，官右春坊右中允，以大考升用庶子提督、河南學政。

膺按：表十八行、四十五字，行與行密，分書極自然之致，前五行尤佳。

（四）莫友芝與張香濤，稱四兄，云六朝古石是平昔留意者，去秋還金陵，于前人著錄之蕭秀、蕭儋、蕭景外，又獲蕭宏神道兩刻，附初唐明徵君碑及始興碑，即昔者舟中雙鉤其額者，其石高而欹，拓工難施，傳本既絕。臨川二石極似瘞鶴銘，亦太高，氈拓不易。

（五）莫友芝與恕皆三兄年大人，云泰州紙僅得十箇，又不甚闊，已裱成十六皖屏共十四幅，其二幅是弟借留作壽聯，餘二紙即為乞湘鄉公書。

恕公之所以為恕公，曰宏曰毅，不惟我鄉里、知舊中所未有，即合海內相識計之，殆亦罕其匹也。

（六）莫友芝與曾國藩書，己巳四月廿六日上湘鄉公，云夙聞畿省吏治廢弛，結成錮習，公蒞止未三月，提綱挈領，頓爾整刷一新，古君子過化存神宛在，今日惜哀頹飄泊，不得馳詣節下，瞻頌敷施，惟有神往。在蘇見咨調牘，來寧又聞頗有彈糾之簡，憶侍公兩江時，取人為政，力挽頹波，盡革宦場積習，以還古道。今調取諸人，友芝識其大半，陳鼐慎重寬閎，李興銳綜覈廣幹，游智開撫字周詳，方宗誠專意人倫，趙烈文悉心海務，皆分具果、達、藝之長，而絕去仕途舊染，以樹吏道標準，錮習自可漸更。唯公在昔，整率庶僚，從不肯輕以白簡從事，今乃雷厲風行，刻不容緩，自是因時地之宜，且必有稍遲即生牽掣

者，裁培傾覆，一如造物者之無成心，而鄙意則尤願公子計吏之中，精多其察而簡緩其發，然後群策群力，罔不潛移于一舉一措之間。即如地方弊竇，確有所見，亦宜除之以漸，然後能拔根株而絕滋蔓，若亟除不得其道，不惟暫而難久，且有此弊未盡，他弊又滋者矣。芻蕘之見，未必有當，惟兩江自公去後，吏道寬嚴疏密即小，不同疇昔之協中，而黜華崇實之規，猶守而不改，則公所留詒也。唯士類索莫皆如失所依歸，蓋非公之河海不擇、衡岱不讓，納無用于有用，不以偏長不急而擯吾陶治之外，即無以為群材，方成之宗。后山于東坡尚謂一代不數人，百年能幾見，而有風帆目短，江空歲晚之嗟，況十年來景從人士之于公乎。

夏初暫還金陵，詣府學瞻仰，見大工且竣，已礱就鉅石，待公鴻文，伏乞早賜撰定寄下，秋間即可鐫勒，友芝則惟朝夕北碑，儲意勢以靜候，從公十年，嫩散無狀，所覬得附驥者，賴有此耳。

> 按：己巳為同治八年，曾國藩五十九歲（曾六十二歲卒），江寧府學記同治四年李鴻章改建於冶城山，八年七月工竣，知縣廖綸為董役之一。

蘇局溫公通鑑新翻，合番陽舊版，春來乃一一補完，更以一月覆校即開印，通鑑目錄仿宋者已成數卷，又訪得胡果泉注劉道原外紀稿本刊其後，東雅堂韓集亦次第翻雕，校以世綵宋本，並擬歲內蕆功，與金陵局史漢蒙莊文選並行，于是公所謂乙丙丁部與經並重，諸編早晚燦具，皆得家置善本。

（七）莫友芝與□香濤書，友芝昔別後即濫竽江蘇書局，讎對之事既非眵目所勝，唯議刊溫公資治書，先自後段，恰買得鄱陽舊刊，前太半合成，竟不重一板，又有宋本目錄仿刊以補鄱陽之闕，而果泉氏注補通鑑外紀稿本未刻者，乃于虞山藏家獲之，蓋是天相差可喜耳。

（八）莫友芝與曾國藩書，傳刻古書以得舊本翻雕為最善，誠如尊諭。現在史記有王、柯兩本，宜即以王本上板，而以柯本校之，其王本中闕卷，即影柯本補足，兩本皆用南宋刻覆雕，其式固無異也。漢書既無別本，只得全行影寫，留原本校勘，二書但能還其舊觀，即唐臨晉帖，自可寶愛，舊本中一、二誤字雖明知者，並當仍而不改，別為校記明之，附各書尾，以示矜慎。通典不得明本，僅有官刊，原係時下宋字，即令梓人傳寫上板，板小縮小不妨，但須行款不移，易于董校即善矣。段氏說文注蘇局已經修理，唯桂氏說文義證傳本幾絕東南，樸學人皆亟求一見，不可得聞，鄂局當重刊，罔不延顧，以俟遙知。此四種成，不唯嘉惠鄂邦，凡海內好學人，未有不欲家置一編者，誠盛事也。蘇局通鑑購得胡果泉氏原刊二百七卷，以下俱係重刊，補全去臘粗就，開春校補新刊誤字，並抽換舊刊數十板，春杪可以開印，畢氏續通鑑附後並行，又有通鑑目錄三十卷，方影寫附刊，又新獲劉氏通鑑外紀胡果泉注補未刊稿本十五卷，亦仿元本式刊之，成時並附溫公正編之後，較之鄱陽原刊，尤為完備。聞鄂局刊通鑑方始，且用湖南翻本作樣，恐未必能精善，且非朝夕可蕆。以友芝愚見，若所刊尚未及半，直可停止，而以此刊項別刻他書。若已過半，期于必成，則請暫停此工，先將史、漢等四種付刊畢，然後徐徐完之。特以此間通鑑既補全鄱陽板，又有畢續翼之，鄂、蘇一水，往來易致，廉卿來此，又熟商局中刊事緩急而為此言，未審有當與否，冀為裁察焉。

此書寫於香濤四兄同一紙上，末敘搜訪梁碑，四兄一書已述梁碑，見上錄第四。此書之首有託購書之答覆，又有封翁老伯大人嘯詠林泉，因推為與曾書。

雜錄

戴恩沚，高雄六合橫街十四號二樓。

余天民，昆明街二二三號二樓。

方錫坤，開封街二段九號徵信新聞社。

高志浩，雲林縣黨部。

陳石泉，新竹中山路 352 號。

崔心悅、葉洪煦，中央銀行，定大學志。余為函張迺藩，住新店。

徐崇達，博山人，向采同鄉，廈門街七十三號。余為函陳寶麟。

王平陵，五十六歲，五月十三日（陰四月初一日）生日。台北市郊景美鎮景南里八鄰 95 戶 115 號。

邱宣悌，漢中街一一二號統一自由印刷行。

楊鑑資，中山北路二段三巷二十六號李向采寓。

管孝坤，三重埔福德南路中興織造廠，溧陽人。

胡湘，瀏河人吳瑞生帶來，在第五分局。

王文淵，朱家驊之妻。

張永官，娶孫春芬，公園路五四號。

吳煥章，台中市五廊巷十四號。台北中山北路一段九十六巷八號。

王啟江，中山北路二段錦州街二十巷十五號。

湯慧琴，孫祿增牙醫師。

湯文輝，中正西路 117 號。

陳茂興，羅斯福路一段潮州街一號茂康汽車修理廠。

鄧定中，豐原台中縣警察所。

俞士英，廈門街四十八巷二十九號。自文化會堂遷往。

朱葆初，日本東京銀座二丁目二番地文華株式會社。

4月1日　雨

昨夜寫日記至一點四十分，欲尋張裕釗、莫友芝墓誌作參考，翻床邊擱板上書廚，發現自翁序冬所贈財政書白螞蟻無數，書被咬壞約二十冊，又有褐色之子，尋雌蟻未得，余傾地板用足踏死，拍蟻入水又死了許多，忙亂至三時始睡。莫友芝誌中不詳江南、江蘇兩書局事，集中非無此項材料，古人行文簡潔，以為不必詳，殊埋沒人之苦心，古今來不知失傳之事跡有多少，又極悼念。晨起，將傷害之書籍整理，曹樹森來助余檢衣翻書。十時總統府月會，余未及往，飯時有紅燒豚蹄極美。下午略睡，二時至中華書局領鍾鑑同仁息，自三月起減為五分月息。瞿梅蔭在發悶，平時不樂長春路漏濕，至出售又覺捨不得，又愛晏家親熱。余引往杜家打牌三將，夜飯多蔬菜，至九時許乃返。下午中央銀行法審查會，余不樂往。夜中央委員會 42 祕政 7329 代電，說高廷梓卅一人提議委員出席缺席或請假於委員會者，在院會內均應有自由發言權，請將委員會組織法第十條第二項之但書予以刪除為不應提，提出即係違背黨的決定，指原案修正主旨在增加議事效能，而高同志之提案適於此主旨不符。予亦附議簽名，心中亦不快。余等見於院會發言者委員會到者不多，議事草率，會議有時重複，不克分身，所以提此，非欲存心搗亂也。

4月2日　晴

晨有消滅白蟻聖手林陳金所設保器號派人來檢查，云雌蟻每星期能產生一千隻蟻子，約下午再來。余出門遇沈映冬（青田街二巷廿二號，電話二七九〇六），陪余華報社及新生報讀者俱樂部購周雞晨所製新房聯，胡開文購紅紙，余至中央黨部書之贈戴永昌，又書橫幅贈楊有璸，映冬約余四月十一日往奇岩山祝沈祖懋壽，余既允之矣，而飯後侯佩尹來，十一日里大校友將集台大醫院祝吳先生八十晉九陰曆生辰，中中午擬聚餐，事又重出。余上午曾至立法院出席契稅收不收審查，財政廳長任顯羣云省議會決停徵，而各縣市主仍徵，有省議會議員五十餘人簽名請不執行，行政院亦提擬修正契稅條例，余聽得了邊乃回寓。下午至永安當，得綢夾衣一件，訪經濟部丁溶清，與之出游。四時半至貴陽街裝甲之家賀戴君續弦，至雷家見張昭芹題孝若詩集七律，閔湘囑余寫示史晨碑隸書，余愛碑後武周時題跋，秋心又加菜。六時半余至中央日報，胡健中將任董事長，而陳訓畬為社長，曹聖芬將出國。五日股東會，余又約同族聚會，事又兩歧。在中央日報夜宴，宴畢至莊前鼐家賀伊夫人生日，食西瓜、飲茶，攜粽子返。今日得三月廿四日唐堯生書，伊在重機械廠工作，月僅 195.6 元，除去膳費 120 元，祇有 75.6，求余為之覓事。玉麟嫂孕有四月，恩沚遷市立女中後面，唐夢華在大陳相當苦，而反共意識濃厚。唐堯生，高雄成功二路五號機械工程處。

4月3日　晴

晨赴立法院，通過追加預算，忘了到中央黨部開業務會議。在舊貨店購餐刀一柄、純銀酒盃一隻，有小匣盛之，因將刀託張百成，請人做套。在永安取出項蓉存款結利將九百元，余讓利取八百元，得現款三百元、四日支票五百元。到孟益處取現，為改存中本，以期穩妥。下午到梅蔭處臥，五時許同到士林參觀蘭花展覽會，有嘉義愛蘭會所陳列之蝴蝶蘭兩板，列第一、第二，列第一者白瓣微汙，可稱嬌貴，竟一塵不能染。歸余赴朱鍾祺家取利，觀人打牌，遇徐銘同飯，余至一女中禮堂觀話劇罌粟花，女主角體段、神氣佳而聲音不佳，任此間之特別小生不彀漂亮，梅蔭稱善。散戲附黃季陸車歸，余步行歸，閱大陸雜誌，日本僧圓仁與其入唐求法巡禮記，及胡秋原講從史達林之死看共產主義之前途，兩文皆佳。余於二至四時張燈，觀雜誌竟。

4月4日　晨有晴意，下午三時後雨

大陸救災總會年會於九時開年會，各省市老輩到者甚多，各黨派及洋人亦到，足見各人關心大陸，余又到立法院出席印花稅法修正案，已在整理階段。歸寓閱林霖中國經濟之出路，極論通貨膨脹，其人隨朱騮先工作有年，今為台灣大學教授。飯時家常菜甚佳，飯後臥，包小姐今為邵夫人者搥余胸背，余攜西瓜、香煙、酒至憲英家，陳炳堃正出購菜，憲英送余至同安街鐵路邊。余走至臨沂街尋俞良濟，不在，朱慶治夫婦亦不在，乃至建國八路，錢太太與冬妹出觀電影。余至王毓琛夫人處吃煎餃，攜至錢家請十嚴及羽霄，夜飯後啟文來，共打八圈。探斗自出差所寄來西瓜，又自嘉義來電話，謂秦啟文愛吃紅燒肉，教藕準備。藕足請龔維新針治得愈，龔言藕腎虧，龔溫州人，下午在西門民生藥房樓上，門診十元，出診三十元。

4月5日　雨晴　陰曆清明

晨起秦啟文上樓，云樓下有二客候余。余下樓，客人之一向余叩首，詢知為茅詠薰之子，謂詠薰先生初在上海被捕，二月二十日死於獄中，茲定四月十六日開弔，今日成服。其一為沈維百之子，云維百被監視三年已滿，今得自由，此人囑余為其妹沈璇華介紹台灣銀行工作。二人去，張壽賢來候余，余至迪化街約錦帆侄女可否參加宴狄之會，即至青島路中央日報股東會簽名，得名片、鋼筆、信箋等贈品。余同壽賢至強恕中學，天正雨，顧祝同、洪蘭友、王懋功、丁治磐皆至，諸人見余衣濕，謂祇有冒雨行禮，行禮時雨大，余綢衣如河裡撈起者。同壽賢至十普寺三區薦亡功德，六僧八工，主座雙工，香火一工，每工四十元，為三百二十元，香燭、文疏百元。中午強恕備素飯，每桌六十元，梅蔭云極好。余以十一時至陳炳源家，溧陽本家到者嘉義純慶、宜蘭擎華、基隆君毅、士林靜貞、寶貞、璉、劍秋、逢辰、如芳，兆基、其駿自高雄來信不能趕到，壬芳、鎖富、立成、九如、文琴、澍、鎮昌、慧齡未到。兆麟、家銑昨夜打牌至天明，兆麟略飲酒便臥。逢辰來時未攜其孫姚小胖子來，余請君毅請到。陳炳源燒菜兩桌，真像廚子，以八寶飯、高麗肉炒蝦腰為佳。諸人盡酒一瓶，飯後吃大西瓜為笑，余略講慧齡喪夫及余家兄弟情形。二時半余至中華書局臥，四時同孫伯顏夫婦、梅蔭同至中山北路郁寓三樓觀榻房間，陳嘉猷正在監工。出已近六時，余自平交道走省政府後街瀋陽路一巷，參觀第六組辦公室，自善導寺後走至臨沂街二十九巷五號，原興台廠長之房，今闢為黨政關係宴會之所，張其昀語余省得大家進中央黨部如入評事堂也。今晚客張佛泉、程滄波、端木鑄秋、成舍我、王新衛、陶百川、徐道鄰及余，廚司山東人，仿作紹興菜，以鹹菜鴨為佳，余以鴨湯燴腐皮更美，曉峰為余特備酒。張君送余回，余主張日後人知此處是俱樂部，信質當漸多，宜戒備。余歸，得徐澤予中央日報 119 號自來水筆一枝，黃壽峻所贈旅行用水瓶為金鼎牌光大廠出品。劉孟衢婦彥陶又來說孟衢因考績只加一級，又悶悶不樂，且終夜失眠，余不禁為之悶悶，為作書致尹仲容。張宴席後坐客室譚天，端木講石志泉思代院長為大法官會議主席不得，滄波講劉尚清任監察院副院長，求閱公文不給，請派代理院長不得，已派審計部長代理院長。端木又講閩變後軍事委員會派蔣鼎文為福建省政府主席，行政院無此案，蔣來告就職，告電曹湘蘅擬答賀，院長汪精衛不悅，黃秋岳擬一似派似賀之妙文。舍我講龔德柏認定卜少夫、秦墨哂為漢奸，後來秦真為漢奸，卜少夫今為富翁，監察院經人檢舉卜，念卜在播遷粵蜀時有擁護政府功，置不問。端木又講大法官解釋檢察官非法官之離奇，諸人譚論甚趣。端木曾為政治會議內政組特務祕書，滄波任教育組特別祕書，道鄰曾為外交委員會委員，自今日回顧，當時得才稱盛焉。

4月6日　晴

晨侯佩尹來，說劉大悲為士林說蘭，每冊二元，印一萬冊，購之者少而印刷費貴，昨日觀蘭者萬人，祇銷二百，恐將虧本，特來與余商補救辦法。余候擎華來不得，同侯佩尹出，在中正西路遇丁溶清及其姊，同往食生煎饅頭。余入中山堂，聽蔣夢麐先生於聯合紀念周講四年計畫，散會已十時，不及往石牌。余歸抄莫友芝信札，十一時持信札往中華書局，余以莫書為可珍而賞鑒者少，甚以為余書尚優於莫。十二時志崇生日麵，男女兩桌。一時余送鹽、油、糖與鄭味經嫂，方弄外孫林德欣，謂如領末堂兒子。出，坐〇路至杭州南路凌宅略，許同吳、瞿、孫打十六圈。夜飯後至俞家送夏濟安所攝影片乃回，俞士英夫婦來送茶葉。余洗浴後，今晨八時半南勢角火藥爆炸，死五十餘，傷三、四百，中和鄉人皆受驚。自公共汽車走南勢角，余以為路窄車快，必有一日釀禍，在想象中之禍以為雨後翻車而止，不意闖此大禍，無辜死者真是可惜。

4月7日　晴

晨食粥兩盂，至適。赴立法院院會，無任大案。赴立法院之前，溧陽宗人擎華來，云清明日酒佳，酒後伊睡，陳炳源菜佳，憲英幫忙不上，炳源飲時客有來陪者為趙君。余率擎華至梅蔭處，器物已整理待車，晏太太將送之往新居。梅蔭父沈子怡，母瞿，外祖瞿道蓀，外祖母陸，伊云祖母者係陸，即幼時梅蔭暑日寒熱畏蟬鳴，為之持竿在宅邊樹上驅蟬者，伊重情任性，係放嬌已慣致然。余到院，同陸京士領徽章，不但鑄立法院三字，並有委字，又有嘉禾，土氣之至。余交郭登鰲一千三百元，為蕭逢蔚遺族贍養，郭同學交金一如彙收，得收據一紙。返寓朱慕貞、徐向行來，慕貞求為劉季植介紹工作，迄飯時方去。飯後聞二時起有防空演習，又先往中央黨部，在佛士房閒譚。余代表志希出席三時之工作會議，祇到郭、周、張、余四人，曉峰來，先開譚話會，俟警報解除休息十分鐘。余入宏濤室，見伊瓷器插屏一、印泥匣一，為伊所愛，伊要余寫總裁訓練幹部宗旨一段。五時重開會，余作諧詩一首，即赴鄭家飯，知朱歐生約十六晚飯。鄭明因奶疏不通，時有腫塊，每次就醫三十元，愁苦兼勞，余贈以二百元。歸寓適逢夜間演習，即上床臥，幸得熟睡。接田蘭蓁四月五日書，三號曾游觀音山，五日同劉象山游台南。

4月8日　晴

晨侯佩尹來，商為留法同學張道藩、蔣碧微造象。丁溶清同其姊淑貞來，溶清為余整理書籍。余在寓抄莫友芝信，至午填就立法委員履歷表，送立法院彙印同院錄，上樓交胡小姐轉交。今日四月八日，浴佛、禮佛人極多，聲音嘈雜，委員會因之停開。歸寓飯，飯後臥至二時許，至陳嘉猷新居，嘉猷方整理什物，余陪梅蔭出購木盆、火油爐。至中華書局略飲酒，回陳寓飯，識二房東郁君，清末肄業龍門附屬小學，有一子懂合香料。在飯後，余至秀武寓一人寫字，秀武回，請吃台南帶回之西瓜，有攝影在西瓜未開前，諸人圍住西瓜若十分欣賞者，極趣。余並引秀武、肇衡上梅蔭樓，飯後同梅蔭往長春路晏宅取被單，坐三輪車回。閱文耀留字，知梁慧義曾來尋余。

諧詩一　記某次工作會議

遇缺身來替，無慚是副官，
參加工作會，儘量議程看；
不敢言先放，隨時心裡酸，
今朝第四組，輕率報書刊。

諧詩二　記防空演習之工作會議

三官鈞長中央坐，警報既除氣象弘，
討論事關諸組切，文書統領一身崇，
諸般為難惟經費，一樣嚕嘛是婦工，
會後請君吃一頓，臨斤街上酒新豐。
（汽車夫讀臨沂為臨斤）。

閱匪情週報，上海鐵路局包括滬杭、浙贛、京滬及江南等鐵路線，北站附近已新建一棟高九層的大樓，地點在天目路寶山路口，上海鐵路已遷入辦公。

旅大、哈爾濱、迪化、滿州里與北平、天津、瀋陽、上海、武漢、廣州、重慶、西安為十二大城市。

4 月 9 日　晴，夜雨

晨侯佩尹招余往士林，其意謂劉大悲所編蘭話，印一萬，祇售出千餘本，勢將虧折，要余向陳子仁說請園藝學會購二千本贈人。余候子仁至十一時，未到，乃回。余曾參觀蘭展，蘭徑入口懸于右任先生板對「催新時代誕生，禮其溫室；供天下人享受，賞此名花」，余入第二陳列室，見所開蝴蝶蘭小板者極靈妙，余並遇見葛建時攜子女、劉健群攜妻子。余歸飯，飯後梁慧義來，余贈以微款及罐頭。三時至中山堂尋審查會未得，至雷家，程覺民周覽全台畢，將以明日返香港，余飲酒兩盃，食豆腐干拌葱及蛋餃一隻。同雷夫婦至嚴慎予夫婦龍泉街寓所，所以四萬元新購，種花木新活，有野生杜鵑樹一株作石榴色式花極美。晤唐載之、董□□，時程覺民赴保安司令部不回，在部有一參謀送之出，關照汽車先回，覺民復入，既而又傳已往北投洗浴。覺民住慎予所，慎予夫人治菜紅燒黃魚、乳腐糟肉、筍肉丁、蠶豆拌馬來頭，味可而食者不齊，心情不愉快，孝實更焦急。飯後余打電話至王星衡家，與張岳軍白程所遭。余坐車回，略閱雜誌即睡。

4月10日　晴

侯佩尹於余起身後即來，云明日吳稚暉先生陰曆生日，里大同人擬往702同伊照相，先生約五月至陽明山住宿之後由先生來約，昨佩尹已發通知退兵。又十二日為張道藩生日，但穎孫識雕刻家闕君擬為造藩造象，已集十二人六十元為置備石膏款，蔣碧微知之，堅令退款，無所舉動，曰十二日將陪道藩逃壽，幸勿害人。觀於此二事，吳先生得壽，張君得名位，而戒慎如此，可稱時聖。余同佩尹仍往松鶴樓食麵，兩麵無味，相視默然。余至立法院表決，邱漢平放寬補習學校案，眾主保留，又聽高廷梓說明一回乃回。陳凌海來約今晚五條通29號吳則中家為吳先生暖壽，余告以中央黨部已通過三萬元為吳先生擴大陽明山住所。凌海云總統給吳先生生日五千元，先生謂以之修房，凌海云此數僅足供修理地板，張曉峯問之，乃提此議費列預算之外，不在預備費開支，俞鴻鈞並未皺眉。又余聽凌海言作書置浦逖生，逖生函第一商業銀行黃朝琴派人來修大門，換了兩扇，吳先生房瓦經地震鬆漏者仍未修好，而工料所開恐不在少數，此皆屬余不善處理而令因吳先生而多所開支，且非老人意料所及。孟子云及其既衰，戒之在得，此得字不但包括物質名譽之領受，且當如佛家所說慎勿造因，慎勿起意方合。午時至臺北賓館，蔣夫人自海外回初次與余見面，豐潤如昔，飯時牛肉檸檬湯極佳。張曉峯報告二中全會之整準閻錫山發表，美不會信俄緩進。張岳軍語我程覺民已成行，所查問事係覺民部下密報。飯後余至梅蔭處小睡，五時至吳則中寓，陳凌海為稚暉師暖壽，成孚壽酒一桌，盡洋酒一瓶，陳次仲昆仲、馬光啟、沙□□、鄧毅之夫人均到。天忽寒冷，余借則中羊毛衫。席散，同許師慎往聽吳靜放射學治病之講演。晨余至中央黨部業務會議，知移至明晨開會。

4月11日　夜雨

晨丁溶清同姊淑貞來，余託淑貞還吳則中衣，分陳君送來之木瓜糖與椰子糖。九時半沈映冬派車來候余往奇巖山，44號車上為沈祖懋妻及子女，祖懋妹及其女至老八投湖南山東飯店，轉溫泉路，過菌亭，既入善光寺石門，車退回，至明月閣轉則為奇巖路。過陳伯南、余幄奇寓直前，延奇巖山過中和寺則為段岩奇石，云是太古之海底。左為石城高砌、雙松列門之洪蘭友別墅，桌椅書畫已陳列，其旁平常屋數行，知備中本疏散而為，蘭友特供張者。右為益祥輪船公司別業，位置小山前，外望田疇空敞，沈映冬宿此，有臥房四、客室三，今日諸人為祖懋祝生，余為陪賓。余曾再上，知鄰居為復興輪船公司別墅，房少牆高，極為難看。再後則為楊管北、周召棠之別業，再上則為外交部宿舍，有宋夫人新自大陸來，其子女已先來，余留片致候。歸四十四號麵，麵後睡，睡起同王君坐車至新民路鐵路招待所浴，與老蔡閒話。同王君步至壽光寺，見女學生遠足，自寺下攀，新生報宿舍後，路上磴道益壞。既上，在舊八勝園今為秀廬者望大屯山、觀音山，遇陶希聖車夫，問之知希聖方入情報學校教書。余等再入鐵路招待所茶，四時十分車來候，余同王君抄五毛一番之麻將八圈。吃聚豐園一席，以炸鯧魚湯麵、鍋巴湯為佳，沈霞飛在座，相與悼惜衛序初、朱景之、范漢良，云漢良被槍斃，不肯跪，並高呼三民主義萬歲，極壯烈。飯後西瓜。余於雨中坐吉卜車歸，支腰側坐，腰間發酸。張壽賢來信，啟江高血壓又發作，右臂、右腿之麻木現象，病勢不輕。

4月12日 雨

侯佩尹以清晨來，同進早粥，云今晚蔣碧微生日邀飲，余請其走朱厝輪尋人不至。余自馬偕醫院折回，贈瞿梅蔭以一方桌、四籐椅之價款，梅慮郁鴻治家，不樂馬將，云三樓空房第三分局有警員曾來借住而未允者，郁慮因不戒於賭而或遭報復也。余出至李向采家，岳、蘅為槌胸腰，解余酸痛，秀武出理髮，久久不回。有楊鑑資來講台北文人笑話，云李漁叔跪拜溥心畬為師，過年求師給畫贈人，請題上款，實則以之出售，會上款寫有誤字，其人求漁叔往請改正，漁叔不可，其人徑謁溥，詐欺乃白，漁叔今不能見其師。其他方子丹、任博吾、程海波、陳瀞一皆有奇致，陳定山、周棄子較合理，陳含光老人品最高。楊君又講袁海觀之子袁樹揆極吝，人稱文口公，余聞而大笑。前日方子丹曾有向彭廚定菜之說，親上寧樓語余，余幸回絕，否則必有牽累。余曾聞人云文在中國不值錢，文人往往賣面子，賣面不成，往往失其品行，故有一為文人便不足觀之論，蓋不但雕蟲小技耗其壯心，其間尚利欺詐匪夷所思，真是難以形容。余之主張為一半居士，自幼見到而悟，否則亦不免沉淪也。在李宅飯，以燒酒和葡萄汁，飲後食炒麵，終席秀武未返。余再至梅蔭處同孫伯顏夫婦飯，飯後回睡。三時至台灣理髮店，又被剪成一煎茶童子。步行至萬象，得榮寶齋信牋十餘頁。至社會服務處為陳肖籛、郭非比證婚，同時出，就郁寓同徐松清打牌數付。參與嘉猷夫婦進宅宴兩桌，吃至春捲紅燒肉，乃至蔣碧微寓參加生日宴，闞君（闞名明德，極怪）為碧微造石膏像成，宴畢由但穎孫夫人揭幕，余同謝壽康皆曾演講，盡歡而散。

4月13日　雨

晨至實踐堂簽名，知今日紀念周，報告人為程天放。余同郭、谷、馬同車赴陽明山，寒雨中沿路見紅花，入禮堂極冷，人坐滿方溫。總統命人讀上星期一石牌所講和平守勢之演講，今標為美俄第一回合，美已勝利。總統初云有幾段補充，後云請大家先研究，馬星野云香港自由人載此云台灣方面對和平攻勢之看法，足見聽眾有漏洩也。歸，余至梅蔭家食線粉，昨忙累，幸未病。余至台糖公司，陳行舟引余至第三宿舍陳肖籛新房，坐久始吃補席，有吳君云台灣菜之佳者為酸菜雞、醬瓜、肉圓，席上今有香油雞，亦不壞。二時席散，余歸，倦臥至五時，與錦姪談話，且觀明孫作態。六時至鄭明處飯，同飲高粱酒。飯後至錢家，王毓琛、李德元同打八圈，因余亂打一陣，害張藕兮輸。藕兮足底痛，自用吸筒炙穴道得愈。探斗外出打牌，十二時未返。

4月14日　晨雨，下午開晴

晨陳石泉來，茅聲烈來，錢自誠來，留自誠稀飯。伊云升遷須視派系，同派系自為援引，孤哀子遭人欺侮，雖勤力活該，出身學校與某期畢業皆與紅黑有關。伊德國畢業，久在原位，言之不勝感喟，余慰之。茅係詠薰先生子，囑撰事略。石泉謂重慶時茅家行當葷制，詠薰先生無所謂營養。九時立法院院會，總統咨請再延立法委員任期一年，余主張咨復贊同，眾無異議通過。十時半引石泉謁吳鐵城先生，期其為石泉介紹俞鴻鈞，俾於土地行政得以參贊，又得悉台灣土地情形，將來施之於大陸，吳先生首肯。余得晤張震西，索余書，余請其講張季直生平。石泉送余三分局前別，余就梅蔭處食泡飯、春捲，飯後午睡，睡起，同至吳成衣處取放大夾衫。至中山堂立法院，下午無會，回寓知羅志希囑代出席工作會議。七屆二中全會預算列三十萬弱，會期祇三日，余主總數改為二十五萬，沈昌煥附議，得通過。保防工作加專任員額七人、工友二，第二組亦加心理作戰數人，余主加五人，組主任以不必辦爭之，仍為七人。最後幹部簡拔綱要，余謂懸的而不能達，不如改得近情些。至五時半，至鄭家飯，同味經繞老松學校一周，雨後冷，灘更冷，無所得。味經嫂依報紙烹飪指導燒獅子頭成功，余食至肚漲。飯後歸，參觀昆明街青年服務所，識管事三人，其中二人係台大、師大畢業班之同學。余謂無需有官樣之辦公室，又非有專用棚屋不能辦補習班。回寓，黃壽峻來譚。黃去余撰輓聯：

輓茅詠薰先生

悉心革命，無比清廉，平生示我周行，矩步亦趨嗟弗及；

寧取自由，凜然正氣，一死驚彼醜類，大慈故勇履當為。

4月15日　晴薄，暮風，夜雨

晨丁淑貞來，陸景堯來，熊叔衡來，徐香英來。香英云永安提不出款，王經理避不見面。下午得豐穀書，知王經理失蹤，永安登記債務。余於九時許曾出席印花稅法修正案，回寓知驅蟻者曾寧樓天墁上，是樓建於大正七年，距今為三十年。在寓飯，飯後至侯佩尹處臥，論戒之在得。三時歸，在乾盛堂得輓聯，得木匣。於○路待車，于右任先生見而停車，派副官來候，余辭謝。歸寓書聯，李家瓊來為余送善導寺。余同錦姪、明孫玩笑一回。鄭怡來候，至潮州街五十七巷朱歐生新寓，今日三月初二日朱歐生生日，兩席連廚人、女傭共擠三十三人，歐生極歡。銀翼菜尚佳，以銀蚶為第一。歸寓浴，浴後侯佩尹來取傘，余之黃柄傘不知何往。

4月16日　雨陰

晨趙家阿妹來謝余關心，伊之鼻炎上升，謂衝入腦際則諸事遺忘，許煒欣索診費過多，前次敲二百餘元。阿妹年近三十，無積蓄而不思出嫁，余頗憫之。阿妹去後，張民生來，求為中央銀行國庫局副局長，云可得車以供父用，囑余再向俞鴻鈞說。九時余至善導寺，弔茅詠薰之喪，遇行政法院評事沈思約，自江蘇民政廳即隨詠薰先生者。中堂懸總統「風骨凜然」四字，輓件中足供史料者有郭福增云民元前奉先生命，謂陳英士囑測青陽港橋以圖破壞，曾繪圖說以進。又有吳煥章云民十六、七年先生以江蘇省之力支持東北革命軍，江蘇省政府中容納東北志士甚多。拜客遇鄭烈、張知本、徐溥霖、鍾毅、丘譽、余井塘、洪陸東、金仞千、陳石泉、劉汝明、馬超俊、高信、王寵惠、謝冠生、王子弦、胡翰、許靜芝，謝健（鑄陳）云詠薰肄業湖北自強學校，與鈕永建同為東文齋學生，其在任公職時行誼特別，有老同志丁翼求事無可得，詠薰命其子任行政院錄事者辭職以位讓之。十時起公祭，司法界到者甚多，詠薰曾任法界事十四年。輓聯祭文八股氣甚重，有用縲絏、犴狴者，有誤瘐死為瘦死者，以用盜憎主人為較合。余聯生硬，鍾槐村先生云下聯更好，雖生硬，殊覺嫵媚。余招呼至十一時，乘靜芝車赴省政府賀任，在浦逖生、俞鴻鈞房小坐。出，坐蕭青萍車，同青萍、陸東梅龍鎮食菜肉酵，同歸寧廬，青萍攜去奇書兩疊。余略飯略臥，臥起至立法院尋傘，散借錢。至陸孟益處，知永安債約七十萬，將以二分半利償人。余至文化會訪邵君不得，至梅蔭房說笑，同出購雙燕牌熱水瓶，入圓圜飲酒食蚶。六時至雷家，今日宴康家第二、第九婿，第二女在座，飲扁瓶法國 COGNAC Rémy Martin 一瓶。飯後歸，至文化招待所，俞士英為槌捏，甚美。出，遇海口王君，過鐵路遇關文蔚。文蔚適太倉陸氏，新近所撫姊氏女自殺，不知何因，女曾以口紅塗貓唇，關責之，入晚女自殺不救，女傭曾見女焚若信紙者兩張，死後口角有血，腹部隆起而仍屬童身。關與夫經商曾虧空三十餘萬，曾購備安眠藥計畫自殺，女死狀僅面部像安眠藥，餘均不像。關云曾積有陰德，一料理一友人病死至殯葬，二治愈一三期肺病之人，三遣嫁一家操皮肉生涯之女，而與其君姑相得，何意遭此不幸。惟關大鵬君曾為觀其寓所風水，謂不出血案必有自殺，關於自殺之夜曾聞庭有血腥，是夜女傭曾打破兩碗，恐懼之狀亦異尋常，極可怪。

4月17日　雨

晨赴立法院簽名，十一時半往聽經費稽核報告，未還清舊債者不能再借，研究費之領受僅已報到委員有之，互助會須得基金方能舉辦，一派窮話。院長張道藩講話時已能肅靜，似已起信矣。余至中央黨部寫輓茅詠薰輓聯，請楊佛士評之，佛士曰生硬不必改。佛士曾云綱要、計畫皆成八股，輓聯又多抄錄剪綴，難得有一二付可以看看，舊時殊不如此。余參加工作會議，聽保防小組組織之討論，余亦曾發言，後出席大陸救災總會理監事會，討論籌集款項發放地點、救濟難童、回復空投、集難青為軍等案，谷正綱、方治各對一麥克風，如唱雙簧，余在坐幫腔，使各案易於通過，邵華、夏濤聲稱快。余離座已十一時半，候宋選銓夫人來報告，未到也。在寓飯，同飯團同人飲高粱酒，酒飯後小臥。臥起朱鍾祺約余今晚永安謀不倒方案，邀余出席，余怕弄上肩頭仍無以善後，謝不往。鍾祺又說俞祥琴請伊往請余勿打抱不平，余云俞欲白吃一房，何可哉。余得省政府祕書長浦薛鳳覆書（四月十五日），謂余祥琴因徐銘承購金華街房屋提起訴願一案情形複雜，自當根據各主管單位意見秉公處理云云。二時許瞿梅蓀來，同坐車至泉州街過去一站曰崁頂下車，向北上漳州街女師宿舍，自其右巷即為漳州街三巷，十衖口有醫生牌，十七號則為如陳宗周所住之式樣，月租四百元，孫伯顏夫婦自鶯歌遷出住此，上街不便且嫌寂寞也。四時出，乘五路至中華書局廊中吃臭豆腐干，乃與梅別。余至錢家同探斗、羽霄及趙君打麻雀，原約之鄭君遲到，余無意讓之，天雨得局殊不易，但鄭君敗興而去，余亦戰負，局散臥探斗房，思之殊覺不應如此。探斗數每月墊空須千元，並深恨余前年新春向余借二百元，而余向藕兮及張禮文言之。余睡床不穩，不能入睡，帳小又蓋半床，卒為蚊咬手，僅得一小腮而已。

4月18日　雨

晨六時躡足啟門出，王為俊家兩女傭已生火。出，走中正東路，見前進疾馳之卡車、公共汽車，過新生社方得車。臨寓門，袁新來方啟門，袁為新來工友。周頌西來訪，昨來未遇，今再來，囑向徐柏園謀兼職。伊七十二歲，屬馬，先君亦屬馬，在世當為八十四歲，與鈕惕生先生同歲。下樓閱報，見有「撣」字作野雞毛撣、雞毛撣解，不知起於何時。九時至立法院，印花稅法修正案校對附表，余云附表有無遺漏須請教行政部門之老於事者，上次曾言之，今日有人說果不出君武所料。十一時返，徐銘來送水銀軟膏，中午在寓略飯，彭長貴云有紅燒鯉油，鯉魚新鮮而美，又有豆腐湯亦佳。余至警務處參加組訓會議，俞主席鴻鈞請廿五元一客之銅盤宴，鄰居省黨部同志分余甜橘半隻、電影票四紙。席散連震東送余之梅蔭寓，余睡至下午四時，聽何君六十六歲講好運及壞運。陳嘉猷回寓同飯，九時同梅及郁鴻治二妻赴大世界觀美人魚游泳片。十二時散，街燈已暗，雨淒路滑，梅蔭怕余滑失，堅請乘車，余仍步回，圍棋尚有一桌未散。余浴後即睡，至為酣美。今日邵祖恭囑寫書簽九箇，徐銘帶往。

4月19日　雨

晨侯佩尹來取煤油，余為擋住漏斗，佩尹向不事此，真是克難工作。劉象三來，謂今日上午唐縱一組、下午張炎元一組，皆請組訓會議人員飯，余作諧句云「平生怕吃銅盤飯，祭菜冰冰尚享難」。侯、劉去，夏煥新來，余憫其老童子軍勞苦，伊求入中華書局任總務，余云不如為督學。夏去，賀鳳蓀引東北小姐王孟佼來，面部平削，在鄉間任事，星六出至賀蓀處聚話。賀、王送余上六路車，余應錢探斗電話招，同羽霄、王毓琛夫婦打牌至夜深。余自摸六百和兩次，尚輸130元，邊嵌均算平和，臭一色、對對和、雙抬比較加大也。中午曾至梅蔭處同志崇飯，有百叶包，夜錢家有燻魚，皆美，惟錢家中午之餛飩無味。夜得王鈕冰清信，約五月五、六晨八時派其女來取中監會積餘分撥金。又得虞右民信，陸景堯、宋丹麗均得台灣銀行工作。茅祖權之承重孫凱樂、子聲烈、聲熙、聲熹來謝，余未晤見。曹瑞生來為余整抹書籍，自白蟻成災請人來驅除，鐵路局費千元以上，余無暇悉繙書籍，約曹同志為之。

4月20日　晴

晨至實踐堂，聽沈昌煥決不至於託管報告，謂美對中國白皮書發表為一時期台灣中立化，為第二取消中立化，為第三時期託管，即前國際聯盟之委任統治黑人、紅人、生番、熟番，尚望其進而為獨立國，豈有將獨立國降為託管，愛森漢、杜勒斯現既聲明決無此事矣，吾人更宜自強不息。十時一刻同張壽賢往賀鄧傳楷任教育廳長、連震東任建設廳長、鄒清之任民政廳長，惟徐柏園、陳寶麟未遇，祇晤周由端，今改顧問。程其恒君在新聞處，贈余在浦家聽崑曲與張岳軍先生合攝之影，余等並晤張彼德。出遇朱文伯，青年黨省委殊無法產生也。余至復興書局留字與王豐谷，謂龍門同學會可約郁鴻治及顧興中，興中無錫顧紹衣先生之孫，在衡陽街五號。出至梅蔭處稍休，至京士家飲酒二盃，食天菜，京士女將赴美讀書，余請其看臥薪嘗膽話劇。余至忠園晤梅恕曾，知曾今可等宴于院長生日，于先生辭謝。余至吳保容家飯，飯後熟睡至四時，宿欠清償，極快。余至立法院出席國防組織法之譚話會，余發言主修改憲法，將統率國防之條文加強，而以國防部組織法為普通組織法案。余云上阿里山見高巍之山頂及叢雜之山麓，中部為白雲所遮，頗得妙處不傳之趣，行政院提出此法案殊欠聰明，郭登敖殊然余言。出，余至鄭家飯，有臭豆腐干。歸途遇余又蓀夫婦，約廿六日宴會，歸寓夜雨，浴後得熟睡。

4月21日 雨

晨院會討論軍旗案，余早離座，至朱鍾祺處問蘇松太同會錄，知不在伊處。回寓寫通知稿，尋錢中岳不得，秦啟文允印。余至曹佩衡處，同赴顧乾德鄰居賈君家，知同會錄在夏伯祥處，賈君允往尋夏。余回曹家飯，飲乾琴兩盃。飯後穿同安街視憲英，知炳源燒菜之後，因油耗氣兩日未能健飯。余至樓桐孫家，桐甫自香港就醫添衣回，譚徐繼莊住木屋，不肯向熟人求乞，師長有求乞者，青年有賣苦力，年輕貌美之婦女入旅館，但求同宿一宵過此一夜而不必給錢者，望台灣進步不如理想者有之，反共而兼反蔣者無之。出，余步過川湍橋，望碧潭雙髻鬥俏，中和南山橫嶺，青煙皆在兩景中，極趣。過中和街入竹林路，以吳縣一瞥校稿付張伯雍，見徐復人夫人哺肥兒，自身極瘦。出，遇宋述樵夫婦，述樵引余至其家，在紅房子弄後，原為日人花園房，述樵經訴訟費二萬餘元得之，今值七、八萬。余初見伊女宋丹麗，明日往台灣銀行報到，秀慧而瘦，余因其單料，囑其多溜出吸空氣。余同述樵同車進城，譚法官、書記官通同受賄，書記官平居相問有本月生意如何者。述樵述經辯二案，一警察陪人索債，經控恐嚇，二台灣鄉長某案，云當事人得無罪，感激為之辯護者入骨，願赴湯蹈火以報。至世界書局隔壁樓上，余尋得夏伯祥，商蘇松太事。余歸樓，門耀甥嚴閉，余至中華書局同孫、陳二夫人閒譚。歸寓赴鄭家飯，今日有蹄膀帶皮者，聞因製皮人少，故爾放吃。飯後歸，知蕭崇雲已離印紙廠，將赴高雄，與服務與鋁廠之某君結婚，其所撫女置託兒所。

4月22日　雨

晨徐向行來，責余不必向朱慕貞說劉季植不穩，云端木傑時代上不正、下參差，如劉遇好長官，不一定壞，真是仁厚之言。同出是連雲街周春星處，取世安贈余之黑白威士忌，春星購贈余之糖已為其子女請願吃完。春星住港四天，歸已一月，云世安不管開會事，嘉茂被共產黨逼去港紙十七萬，嘉在天津開店，港尚有存款，不令世安知，世安意分若干為之經理免損失。世和在天津，受嘉茂月薪。阿逸隨一相面者赴阿根庭，包艙、保證等金皆逸所付，為母購房一所，給港紙五千元，程太太與次女曾嫁伍俶儻者同住。雪寶在斐列濱已購房，有園有果園，柏年先生之母在上海，君強醫況不如從前。出門，李懲寶之子呼余公公，余入懲寶家問其思家否，懲淚水承睫不語，蓋其父母皆高年，不得不懼。出，到洪叔言家，蘭伯得腰病，而朱人□背竟收口。出，至狄德甫新遷醫院，每年租金一萬六千元連電話在內，德甫以為合算。客廳懸王廣慶、李敬齋扁、董作賓聯及小中堂，河南氣息甚重。余歸寓，徐東明父子、羅大固來，余祥琴占房，羅出調停，同赴松鶴樓飯。余至俞士英臥小睡，同士英歸取高粱酒、西瓜。余至中央黨部代志希出席工作會議，商收復大陸重要措施，理財余主除去獎券，懲奸余主改首要為重要，皆得通過。六時半至發言人辦公室，請龍門校友世交，郁少華老師、沈亦珍、沈昌煥、郁鴻治、孫導始、吳亮言、洪亦淵子女皆到，150兩席，以紅燒牛肉為佳。席散，再至俞士英家摺紙消遣，昨日在中央保管室重得直寫中央執行會之文稿紙，摺疊後備作日記寫本，比橫者印紅較少。

4月23日　晴

晨丁淑貞來，尚未接余附去之徐柏園信，同出覓早點，遇徐向行，為戴郛擬求謝耿民為石炭委員會委員。耿民新發表為主任委員，住銅山街二十七號。余等同食生煎包、豆漿、燒餅，淑貞匆匆而去，深恐遲到。余同香伯走至記者之家，叮嚀天晴需多做包子。回寓，云徐兆珍於父喪中得余寄款，認為雪中送炭，囑謝大阿哥（指余），治喪所費幸得與翰青先生髫鬌老宅鄰居農人多肯借助，而往歸家莊殊無相商，亦慘痛也。向伯去後，余入堡壘廳聽國防部第二廳廳長賴名湯作匪情報告，遇陸京士，伊女明日出國。歸寓飯，同秦啟文、曹健初同食臭蛋，曹尚有怯意。飯後臥，臥起黃仲翔來，同伊出。余至植物園，蓮池水漲，溢於堤上成沮洳。余為第四人，王德昭、吳靜、洪槱已先在，徐芳帶子女，姜紹謨最後至，亦過沮洳地。議五月四日下午三時，在植物園林業試驗所禮堂開五四紀念會，推周大中任主席，蔣先生報告五四意義，勞幹作學術講演。出，乘俞弼廷車，弼廷欲還余三百元過年借款，余辭之。弼廷送余中山北路二段三十七號之一，余尋陳太太，方傷風，仍為余襪破立即補好。晨間購得鱗魚極小炸，余食之味佳。余走中華書局廊下，購臭豆腐干十塊，攜至雷家已逾七時，飯方吃完，余吃得極有味。飯後觀望之寫字，坐〇路歸。

4月24日　陰

晨赴中央黨部，戴丹山包車載余往討論重印反共抗俄基本論有總裁改正處，余主將修正處作一比較表，原文黑而修正印紅，庶幾醒目。眾討論經費困難久之，而在市區出差原規定坐公共汽車以為常，離路站遠、攜笨重物、攜款及緊急始得坐三輪車，今日有嫌太嚴者，又議決加天雨一款。余以為革命情緒低落，為之痛心，與李士英嗟歎久之。今日又打消主管人員月有四百元備因公應酬補助津貼之用，在準備費下開支，準備費不足則在事業費開支。張壽賢謂審核上常遇見，而四百元亦太少，李士英謂津貼頗有流弊，龍名登云如何中途變更預算，余謂正病經費困難，何必增此一項，案乃保留。十一時散，余至重慶南路國際照相館，引攝影者來察看地點。中午廿二小組會議，潘士浩為組長，囑余主席，略議定期聽取財政新官施政方針及反攻大陸後應如何設施，隨題敷衍而已，與小組會議認真討論之要求相離頗遠。會後聚餐，人口眾多，余坐在姜紹謨桌上，飯菜每席 150 尚好。余至記者之家準備蘇松太月會，先同吳瑞生講，伊將公證結婚，余勗以慎重。次同鄭子政講颱風損失被控案，其關係人乃茅詠薰之婿及子聲烈，余允解勸。次王裕民，囑致書張茲闓，伊原任水泥公司工程師，請調經濟部辦事。今日姚志崇、夏伯祥、朱鍾祺為司月，到者七十餘人，定下期由陸京士、王裕民、王宏磐司月。翁之鏞講台灣之米，謂儲存備反攻與出售圖外匯兩者無底定之策，外匯定呆有利、有不利，礙及出口，其理顯然。日本人愛吃蓬萊米，在台灣為日本人管轄則然，現日食米勢須擇價錢便宜，小麥協定施行又將改食麵，臺灣米與埃及米同價，即云出口亦恐有問題云云。說時王豐穀、鄒敷公已請到鈕惕生先生，上三樓，嚴家淦、陳慶瑜、錢大鈞亦到。鈕先生講癸巳為皇太后萬壽恩科，無足記憶，因紀念恩科不應做革命黨，做了革命黨便不應紀念恩科。此次赴美游歷，為期數月，雖經邀准，但為反攻在即，願率先登身大陸，實不願赴外國，故爾遲遲我行，今和平攻勢之下，一時似可抽暇一游，並求治病，實不足稱道。致詞謙虛忠愛，難聽懂者在後排亦極欣慰。諸人食饅頭後，至寧園排坐立攝影，攝影者忘件歸取，諸人靜待約一刻鐘方攝成，天幸不雨，惟光已暗矣。秦啟文、錦帆、銘孫皆照入。余同鴻磐坐車至浦城街朱寓夜飯，姚志崇、蔣還及□□□同余打十六圈，前三將余一人獨負，三家均贏，後一將余獨贏，極為好玩。十二時始返寓，啟文因吳愷玄罵暢流黨氣太重不樂，伊亦在酒後如此，余因大便急，未與多譚。

徐向行送來兆珍清明日謝余書，上稱大阿哥，下稱珍弟于故鄉垍上，垍字余不之識。翥青太姻丈年初十子夜逝世，臨終說「死可減去兒子罪過，身後請眾鄰出力，一切照大哥（翰青先生）樣，盡量節省，如再有困難，可到歸莊親友處求助」。死後歸莊無所助，眾鄰處借宕欠，送裁縫，五司等沒拿工錢，木匠也有不拿的、宕欠的，次日成殮，到晚即與母親合葬祖墓，二、三十人吃了一天，終算完成大事。珍謝余信中，江南春的農村數年來學會了刨地和種鋤棉花，不識時務，不會裝笑臉、適應氛圍，一生笨拙得像蝸牛，希望早日得面致衷心。徐兆珍女名徐蓉，遙遠的大情誼是徐蓉於春假帶回的，三、四兩兒下半年擬出，投考公費學校，他們在家助理家務和工作，宕了兩三年。請宗彩勿常給徐蓉寫信。

4月25日　晴

晨侯佩尹、丁淑貞、戴丹山均來。佩尹食粥，丹山余為送履歷與石炭委員會主任委員，求給丹山為委員，得以繼續住石炭會公屋。政府建築充分住房以樂民居，亦屬澄清仕途之一法，在台北之兼職，頗有因住所無著不得不兼者。余入立法院，聽黃朝琴等關於契稅停徵之報告，得見陽明山管理局所發土地所有權狀樣本。十一時歸寓，在寓飯。飯後臥至二時，同丁淑貞往士林觀蘭，遇莫小姐，淑貞初到士林，余同之參觀劍泉，並試品泉水，在山麓坐觀日斜。歸至吉茀食三民治，夜在秀武家飯，略抹牌，有某軍人將往金門，秀武作餞，治菜頗多，以香鈴兒為佳。出，秀武、二肇送至郁家，同伍稼清談旅行記一回，同出乃歸。

4月26日　星期

晨本擬不出，天晴引余足癢，乃至陳家，向郁家索鍋巴稀飯，攜至點心店，食小籠饅頭及餛飩後，次可食生煎包子，與鍋巴稀飯合吃當更佳。同梅蔭至長春路晏家，又將中路售出，得八千元。余之錢家晤十嚴丈，羽霄、遜先、藕兮請吃盒子，余未允。十一時半同梅蔭歸飯，有鯽魚湯及筍絲百叶加蝦及鴛鴦蛋，郁家又送牛肉湯。飯後略臥，二時半送梅至杭州南路，余至強恕中學參加崑曲同期，郁鴻治已在圖書館，梅曾邀郁君兩夫人，未來聽。唱折柳、喬醋、刺虎、訪素等折，食麵，麵湯不佳。圖書館有鋼絲書架，頗通氣，易於找尋，余頗賞之。五時出至于公館，電劉延濤請準備八仙捧壽事，在于先生書房遇于先生幼子鍾靈及立法委員張濟、周慶楨，伊方陪于先生新店歸。余未及候于先生出坐，即走至雲和街，賀余又蓀所生女湯餅，共四桌，四川同鄉、台灣大學同事各半。有川人某君曾同余在南京同飲寶元通，講狄蘊萍竟瘋至入瘋人院，又劉崇鋐云曾在崧生事務所見五四謝伊之銀鼎刻余名，余皆不能記憶，若無此二舉者然。余等飲私酒，樊際昌夫人及沈剛伯飲酒較多，陳雪屏約余請客，伊管菜，余管酒。席散，余隨剛伯回其寓，伊夫人曾臥床未見客。余至淩同甫家，巧遇曾集熙，談雲光死況，余觀梅代姚志崇打牌一回乃回。余酒後亂唱亂說，不知闖禍否，杜詩云「君當恕醉人」，醉人可恕而故意覓醉之人不可恕，夜睡因之不穩。

4月27日　晴初熱

晨至實踐堂，坐郭鏡秋至陽明山莊參加紀念周，今日二十五結業，余見莫葵卿及黃仲翔皆老軍裝。禮堂人擠加凳，尚有立者，蓋上次總裁罵部長及說洋話者不屑聽讀訓，今日諸長均至，而總裁復提上次所講。余隨羅志希歸車，志希謂總裁剝奪自己幹部尊嚴，說過一次已足，何必再說。余至梅處小坐，歸飯後臥，徐培來，同至國際看相片，付底片錢，中華書局認人頭錄名，余再至梅處還碗，送加里。四時至凌家取昨晚遺忘之夾襖，凌太太又至王亮儔家打牌。余至洪姥姥處，朱慶治歸時共譚同鄉旅台北各家情況。余乘七路至鄭明家飯，有燒臭豆腐干及豆腐羹，惟銀魚燜蛋有沙屑。夜歸天熱，坐庭心納涼，錦姪來約明日十一時潮州路看房。

4月28日　晴熱

晨丁淑貞來，余至俞俊民家送禮，晤行將出嫁之雪侶小姐。余入立法院，陳誠施政報告，張厲生為宣讀官。十時半余回寓，同夏伯祥對照片上人與名一致否，伊再去尋王鴻磐。十一時後錦帆姪女攜銘傳來，同到中華書局會孫再壬，同赴潮州街某巷觀六席房，鄰居為招商局宿舍，環境不靜，房僅六席，在外房東亦住六席，在內廚廁亦逼窄。閱覽之後，錦姪歸迪化街，余同孫再壬回中華書局飯，飯後臥劉克寰房。二時歸，知羅志希囑代出席於工作會議，余於考核從政黨員主不定條例，云對黨員使之從政考慮較重於考核，從政黨遇有艱難考慮幫助他較要於依條例責備他。余作譬曰，應遣疾足則選駿馬，不要誤遣了牛，而以雞毛帚打牛屁股，應遣慢進者則選牛，勿遣了馬而用繩牽其足，且有此條例，終與親愛精誠有傷，以不訂為宜。眾仍主訂定而與管理從政黨員合為一，余仍主考核應注意參加表決是否與中央決議相符，中央有所決定，勿提總裁，其人已被處分，其人之一切政治活動黨皆不予支持，皆得通過。此外又討論優秀黨員、大陸工作人員獎懲，余發言亦多。六時余至鄭家飯，鹹黃魚拌苣筍葉、海燕油泡湯皆佳。飯後歸，天熱，余初次裸上身。蕭崇雲本日赴高雄姊處，來辭行。

4 月 29 日　晴陰兼作

晨起，侯佩尹來啜粥，粥菜醬瓜嫌軟。同出至監察院送余致許師慎之函，為余講詞中引金瓶梅句「張公吃酒李公醉，桑樹脫枝楊樹陪」，前次速記學會講演下句有誤。送信後，同慶樓同吃燒餅各二，甚佳，餛飩一碗有味，湯中有柞菜、有菠菜，熟生調勻，此為北方式長處，至價錢便宜，為江蘇館所不及。歸，同佩尹談蔡威廉愛章警秋事，警秋因之遣歸。又談方裕之兩眼美麗，佩尹有菩薩蠻兩闋記豔，謂當日恐礙陸振軒，振軒之赴法為隨方裕，不意裕事李丹早知，天下歸李闖取不傷廉。裕後改名于，字谷衣，在南京同佩尹打牌，謂佩尹肯斡心及指佩尹無勇氣，舊時與現在皆然等語，裕亦乾戀侯君也。余出至陸孟益處，知永安歸朱鍾祺，債務百餘萬二成歸賬，鍾祺出二十五萬吃進。余至梅蔭處食木瓜，至中華書局取利。歸飯，孫仁攜子葉小龍來，求謀電影院票務或會計職務。孫仁出，伯修及李華修、絜修。孫禮寄來家信，言去年春□月之初寒流忽至，室溫降至零下六度，田中蔬菜均被凍壞，孫家新生小羊六隻，凍死一隻，孫禮於紗廠頭叫，未明之前約五時挑青菜上街去賣，能挑得動一百四、五十斤，菜每斤約值偽人民幣一百五十元，最近（十一月十五日書）每日賣六、七十斤，約可得萬元。孫靜、孫信二月廿三日開學（陰曆新年之後），靜五年級、信四年級，為入棉織學校之準備。孫禮被任為冬學夜校教師，其初來學者少，至新年以後，禮覺忙碌。在孫家家信證明棉織中學確已遷至沙頭璜水校舍，不知何用，余極念之。三時至中央黨部參加工作會議，討論戰鬥體制實施方案，而報告事項中央直屬區黨部中有第一小組研究案，為張群、王寵惠、何應欽、吳忠信、徐永昌、何成濬、朱家驊、吳鐵城、陳濟棠、賈景德所組織，主：

（一）開會之始已列有唱國歌者不必再列奏樂節目，最後之奏樂節目亦可省。

（二）主高中學生准出國留學，其研習科目以自然科學理工科及國際社會科學為限。

（三）二中全國對反攻大陸之準備不能討論具體方案，只能研討原則與大綱。

（四）為切實規畫反攻大業，在總裁領導下先成立一祕密機構，綜合研究各方面所提反攻方案，制成定案，反攻時即改為大本營。

（五）將來戰地指揮野戰軍統帥部應早研究並決定之，其方式有二：

一、總統兼負名義，下設一負責參謀長，授以全權。

二、設一統帥授以全權。

（六）關於國民代表大會應於法定時間召開，組織法應加修改以符實際憲法，修改問題不宜提出，總統由選舉產生或以決定方式延長任期，不宜公開討論。

（七）反共聯合陣線應建立在技術上，宜多研究原則，應遵總裁指示，不能違反三民主義憲法及反共抗俄國策。第三勢力尚未形成，根本不能承認，工作只能從發展社會組織開始，聯合各人民團體成為反共抗俄之組織。

此一報告相當重要。四時在飯堂，余主席動員月會，五時畢，劉和生送我頂溪。余入徐復人寓，又至朱耀祖家，陳紀瀅家一觀紀瀅，談荀慧聲今年五十餘，其所排新戲荀灌娘、二尤、紅娘，細膩鬱貼，非常可觀。回徐家，同陶、蔣、張、徐飯，以拌蚶、拌筍豆、扁尖鴨湯為佳，飯後西瓜，鄉間貴至每斤一元五角。歸途余至汪抱玄家，徐君培等正在打麻將，余代抱玄一付，而圈盡扳圈，徐君培與王君言語衝突。汪夫人送余至五路車站，余歸浴後寫日記乃睡。今日侯佩尹借去古本金瓶梅，過鍾粹贈嘉言錄，余存梅蔭房。

4月30日　雨

晨起整理什物，有兩要信待寄，託秦啟文代發，蘇松太照片有數人認不清，託錢中岳認。赴車站，封君為余換票，許師慎來送，同食點於食堂，遇延國符、吳煥章夫婦。上己字車，為機車後之一節，車發街市，山田均在甚雨中，車上再遇方治及趙□二君。過新竹，余託站長電孔達生候飯。天早晴朗，余同吳煥章餐車飲酒至十一時，車半排骨菜飯初開，時情致甚歡。十二時半抵台中黨史會，沈、楊、羅三君來接，在頭、二等尋不到余，孔達生亦來接。站長送信謂有友自新竹來，非來接不可，不云友是誰何，達生猜能託站長送信是狄君武，與其夫人賭東道。余至站，相與大笑。自天橋出後站即復興路，離奉祀官府不遠。飯後略譚，即為下午二時，余至黨史會，三時紀念二十三周年會，余略演說，徐忍茹、丁象謙、梅喬林、姚薦楠均至，李治中亦出席。會後攝影，鍾孝先亦慢步來同坐，鍾君病偏風，不良於行，甚艱於言，今住會中，去年余曾訪之於文昌宮者也。四時半回孔寓，見明宏治刻孔氏家譜，祇寫某生幾子某某、某某，無表無線，不易查考。達生云傳至今日，尚如此式作譜刻字，宏治間每工四文，寫刻人與刻工同價。又閱孔□□微波鷗榭遺集，其人母為熊氏，孝昌熊錫履女，有心疾□，另有生母。在孔家夜飯，有魚脯，並飲白蘭地。飯後車來，同孔夫婦攜幼子至北溝，贈莊尚嚴以余所攜高粱酒，達生近已不飲，莊夫婦亦病。余與尚嚴盡白蘭地半瓶，春夜客人攜酒而至，極歡，莊夫人腸炎，余強之飲云可愈疾。送客時唱遊園幾句，莊夫人擫笛，清香滿院，莊君云白蘭花樹頂先開，人初不知，花自頂落下始知。歸台中賓館已九時，家銑公公、婆婆來候，明晚飯。

雜錄

周佩華（六姊），俞俊民，廣州街八巷二衖四十號。

張冠球，璉水人，其長女王雅求為其表弟盧楚璋介紹。

姚俊之，廈門街八十一巷十二號。

鄭澈，天宇中華造漆公司，許昌街四號 24002，廠在景美萬盛里五二號。

周佩箴，家原籍餘姚，乾隆間聖能始遷南潯。祖昌福，字榆齋。父慶善，字鶴儕，妻邱及王，子世傑、世棟、世堃、世翰。

世傑，日本人，覺先德華。

郝履成，嘉義溶劑廠副廠長代廠長。余遊阿里山，石油公司協理李林學作片介紹，館前路七十一號。

王鈕冰清、王為昭、為鐸，嘉義興業街二十五號。

史祖鰲，屏東潮州地政事務所。

虞克裕，中山北路二段十六巷二十一號。

郁鴻治，中山北路二段三十七號之一。

唐仁民，立法院祕書，29198。

顧興中，衡陽街五號。

馮立人，美國大使館新聞處繙譯，九六六二一四，同沈璇華來。

汪漢滔，羅斯福路四段七十一巷八號，二九三一六。入台兩載，五易其居。

張茲闓，字麗門。

王儒堂，信義路二段 128 巷一號錢宅。

王裕民，台灣水泥公司，求調經濟部辦事。張茲闓，字麗門。

余承文，曾蜀芳女。

楊繼興，美安全總署中國分署。

邵毓麟，中山北路一段一〇五巷五十九號，四三〇八七。新店鎮國民學校附近，電話國防部總機二七〇〇一一九，接新店分機 55。

孫仁，廿四歲，愛國東路 188 巷二衖十九號。

5月1日　晴

晨黨史會工人送來燒餅，沈祕書來候。到市政府上包租之公共汽車，梅喬林、孫鐵人、徐忍茹、姚薦楠等均到，職員祇有一人，攜一五歲男孩、大西瓜三隻、香蕉一籮。過烏溪橋，因下塊，牛車及村人結隊來候，待約一刻鐘過草屯，在鄉下辦公之三同志上車，其一左眼珠有病。至某橋，車灣道入埔里鎮，鎮稍有樹，一排頗整齊。余等休於汽車站，購包子甜鹹者分食，攜攝影機者分集照相。以十一時之後抵日月潭，雨濛霧密，僅於樹隙望見碧水，諸人皆歡呼。車逕上涵碧樓，入門處正修建一停車躲雨棚，其外左柱仍漏雨，不見孫哲生所書扁。入飯廳，余命侍女黃碧蓮備飯，原計畫每人發五元自備食物，余囑備百元一席，連飯五菜一湯，湯肚絲菜，有魚有肉，惟魚做得不佳。余宣布係主任委員派來，飯席係余私人請客。飯後諸職員雇船三艘游湖，余陪諸老先生樓頭觀雨。姚薦楠不聽人話，即發漢民如何、溥泉如何之高論，不三句話即發狂笑。徐忍如語余妄人也者，明明有人相對而連自己都忘之，謂從亡從汝，女，汝之省。梅喬林講阿拉斯加係蘇俄出售與美國，如不出售而阿拉斯加為蘇俄空軍基地，則對美國之威脅為何如，又講愛斯基母人力大、白令海魚大等等。余略和衣睡榻榻米，下樓與曾在黨史會工作、微有神經病之某女士譚，又與新自臺南到涵碧樓五天之女侍黃櫻花譚。飯堂之右樓上下正在修葺，前庭砌兩池，一圓形者為日池，中間有日本式石亭一，D形者為月池，余書「日月合璧」四字及「涵碧樓」三字，備放大作扁。三時天下雨不已，瑟瑟生寒，余吟詩不就，候人不來，殊覺徬徨。久之某君來云三船人皆候於坡下，請車往候，於是車即下坡。諸人曾至番社及文武廟，衣服濕者居多。諸人購紀念品，惟兩元一隻之籐籃，余向司機王君索一隻，備贈瞿梅影。歸途自水社、水裡坑，香蕉樹滿山滿谷，比前次所見為葱潤，余於二十九年三月二十六日過此，乃在大風之後，蕉葉撕如破旗，極哀颯之至。過集集而至南投，路較前為平整，南投縣前後凹橋仍舊，余與羅本初數之，凡八處。過南投國民學校，校門前有石級，集石級上攝影，徐、梅兩老人皆布鞋立水蕩中。至草屯，三鄉下工作同志下車，另乘他車返史料藏所，天雨，余允贈西瓜亦不克攜帶。至烏溪橋又遇牛車，返台中已近八點鐘，與諸老人言別。

狄介先夫婦住公園靠近市來水廠對街二十二號（自由路口光復路 22），候余往夜飯，羅本初送余往。順慶夫婦攜女自嘉義來，適夏本家妹佩蘭亦來，諸人同飯，紅燒雞、酥腰湯為合作，飯後同尋三榮照相館攝影。今日□君隨往日月潭，歸時貯照相機之袋墜地，幸未損壞。為同族照六寸相，為余照登記相，允印一打不索酬。余同佩蘭回台中賓館，佩蘭語我順康航行七月，昨已至高雄，參加考試亦及格。

昨午後余曾訪沈階升，知伊今日往嘉義治眼，每次刺眼以除瞳外濁水，包紮強臥約一禮拜乃歸，亦無大效。余勸伊多與友朋譚天，以減少注意常集於眼病。余又尋訪鮑文楠，值其吐瀉臥床，文楠曾因潰瘍割半胃，割時輸血得一驗過合格、而其人輸血前曾發痎（三日瘧）之血液，鮑因之亦患痎，今日嘔吐交作，痎發前狀態也。鮑二女皆美，余擬介紹其一配狄順康，擬託高劍秋言之，不知能合意否也。

5月2日　晴

晨起開房門不得，因余關紗門太重，紗門檔套住房門圓磁把手，賴張管理員協助乃得開。自七時起候豐原王國棟、金秉全來，候久不得，沈裕民請余沁園村肉絲麵。余託羅本初、楊毓生火車站問班車，車八點二十分經台中，余如不往沁園春，僅往車站則剛好。余因既已錯過，乃決以黨史會車游豐原，至第四憲兵隊，請人領往族妹佩蘭寓，邀之同往，妹與王國棟夫婦相識已十餘年。車北行二十分鐘即至豐原，王為台中縣警察局長，寓所寬暢，惜其夫人患肺病，穿錦織睡衣出見余，大非陸京士會賓樓請客時所見之狀。九時許國棟自操場回，云今日有演習，金秉全為余備入山證，黨史會車再度加油。車發東勢，交入山證，驗身分證，余購薄脆有芝蔴者分給眾人。既發東勢，車左有山露鳥居及殿飾，狀如神社，自此傍大甲溪入山，溪對岸有山若城、齊平如人築之者為新社，為日本神風自殺飛機根據地，溪聲頗壯。車前峰聳，壁峙一峰出諸峰後者更秀。先過東勢橋，跨大甲溪，橋正修理，車自溪間行，搭有便橋，對岸地名土牛。過南勢，檢車證，始不見溪而入山。先過九良栖，為上八仙山之道，過天冷，見正裝大水管，再進見纜懸二處，係運木裝置。余等停車於第二處，處鋪雜木為平臺，每十分鐘有木運下，人亦可附線上下，聞總統曾上下纜懸，又聞有人上纜懸而不敢自纜懸下者。越澗穿林而下，費二、三小時，過此不遠為警察派駐所，所對面為電力公司招待所。余等自派駐所過三家村舍，沿籬笆下坡則為索橋，橋只許三人同時過，夾板鋪鐵索上，下為激流，頗為美觀。沈裕民、狄佩蘭皆不敢過橋，相扶而行。過橋再上坡為警察廳招待所，原為明治溫泉，去年因總統、陳院長皆來谷關，侍衛來宿，故此處亦係新修理。余坐廊下茶，就榻榻米坐臥，圍長方几飯，有蒜冬菜湯甚美，飯後食鳳梨。余入浴，浴二室，每室二池，水溫而清，無色無味，比草山為佳，余浴得痛快，拉佩蘭，死不肯入浴。折回過索橋，入電力招待所，布置甚佳，莆田林君云天冷工程處副處長宋家治將來會余（家治原住東勢，後移新伯公宿舍）。余等右行出籬，過一板橋入下水源地，正為看守者蓋一有抽水馬桶之房。過此聞水聲浩汗淜湃，上石級下望，則激流分竄，水之來源有二，一自上水源地來，為正源，一自另一溪流來，為旁源，今日旁源門閉。余等再上，則有布瀑，若張二十被單闊，自上而下，極為壯觀。自此下至派駐所前，上車吸水時，局員某稔余，呼余狄先生。余等自原路回，余略睡，過東勢喝水。過豐源知六點二十八分有慢車駛往台北，余與沈、楊、羅三同志及佩蘭別，同金秉全入市場內之北方館飯，廚子係一胖子，做鍋貼、片兒湯、木須肉皆合格。秉全送余上車，三等初時頗擠，過後里稍鬆，豐源之與後里隔六溪，復隔一山洞，無公共汽車，故火車特擠。十一時三十分萬華下車，歸寧園，幸未關門，天氣寒冷，即就枕。本日讀金秉全家信，璜中擴地徵用金宅後場，拆房三間，付金家九十萬人民幣，可購四石五斗米糧，余因之知璜中尚健在。信中又云后學裘夫婦在上海北四川路德明中學教書，秉全妻擬入德明執役，又云狄晝三伯景況不如從前。

5月3日　晴

晨丁溶清、淑貞弟姊來，同入梅龍鎮早點，麵湯不佳。入實踐堂為于右任先生七十五簽名祝壽，淑貞署丁英。出，同至松鶴樓購鴨及素雞，提上赴中和鄉車，站立至中和，送與黃仲翔。余與淑貞上圓通寺，淑貞求籤得上吉。回仲翔家，同吳澤湘、梅恕曾夫婦、陳中行、雷船長（華年）麵。歸市再至侯佩尹寓，佩尹款以茶點，既而同步田野。五時歸大正町，余尋梅蔭，知往凌家代牌。余入李向采家飯，家常菜吃得極佳，飯後略休息乃歸。

圓通寺山門外塑象眼大齒短，惟身體極象。上石級為山門，塑彌勒。此次自彌勒側石級上殿庭，殿壁下段以假大理石為飾，刻信男女某捐贈，佛字下有殿，正修理。自殿側上坡，塑一梅花樹，雖不象真，但頗合香客心裡，歸而述於人謂寺有鹿有象也。山坡兩側皆茶樹，今日見採茶女，又遇王元輝偕友慢步上山。

5月4日　陰雨

晨參加中山堂聯合紀念周，俞鴻鈞報告台灣省政府施政要旨，應於安定中求進步，詞及態度皆誠懇。余自中本取利送中監會諸人，又託張壽賢轉交王子壯夫人五百元。歸寓飯，飯後朱鍾麒來譚。余走至植物園林業試驗所禮堂開五四紀念會，周大中主席。蔣孟麟先生演講本來愛國運動與新文化運動為二事，其後乃合流，新文化之推進又波及舊文化之整理、重新估價，五四以後頗發異彩，至為功為過，歷史自有定評，不局一隅而論，亦不能就一段觀評。次羅志希就新起草大陸告青年書說明當日宣言要義，謂宣言狄君武要余起草，余當日寫上總統文，措詞激烈，蔡先生與王亮疇先生改得和平些。文書室在校長室旁一室，余要求志希起草宣言於此。蔣孟麐先生云今日演說係狄福鼎所請，狄君謂蔣先生來講平穩些。又此次余主一文不收，係體念會眾清苦，亦段書貽兄之主張。又請周大中任主席，三十五卒業之姜增發同學演說，係使後期同學上前歷練同學會，不要老是前期同學包辦之意，皆具苦心。余追念逝者，又極悼書貽，又悲當日同志今已離異，如許德珩等誤入歧途，更恨共產黨隨處借尸還魂，引人誤解，余悲從中來，天又大雨，不作演說。五時散會，余至鄭家飯，鄭皓刮胎流血，已入基龍醫院，鄭家飯菜極適口。

5月5日 雨

張壽賢坐劉和生所駕吉卜車，余入中央黨部尋車，壽賢適以電話尋余。同上陽明山路上，見一人獨坐之飛快車甚多。九時七屆二中全會開幕，總裁坐主席台，致辭約兩小時未畢，約閉幕時再講。預備會議討論議事規則，原祕書長、副祕書長同舉者，余主改祕書長輔助主席，副祕書長襄助之。推主席團推出一候補委員蔡功南為主席團五人之一非故事，依章候補委員每次臨時補上，不得為主席，聞蔡君屈為候補委員，華僑不滿此舉，乃故升之也。又主席團未開會，祕書長已定陳誠為第一次大會主席，誠上台又不讀遺囑，小節目有出入，余未作聲，不能聒聒若青蛙使人厭也。上午張曉峯黨務報告畢乃飯，飯後施政報告陳誠命張厲生代讀，約費時一點半。馬超俊對黨務報告有質詢，鄭彥棻答之，天雨甚。余在第一宿舍第三室補寫日記，連震東、朱耀祖皆來飲酒，莫蘅、田炯錦、方子衛、羅敦偉皆來飲茶講話。晚周宏濤來，浼余講入中央黨部時情形及刺汪殺曾故事，諶忠幹作補充，至夜十時始散。余張帳狹木床，得熟睡。

總裁致開幕詞，原稱訓話，余寫條請周宏濤改為致詞。其大意謂此次二中全會的任務及今後黨的工作方針，自今以後真正要建立黨的基本工作，每一基本工作都要找到中心，才能真正重興本黨，建立一箇三民主義的國家。培養新的幹部，培養新的精神，所謂新的精神便是科學精神，亦即科學化、組織化、制度化的精神。希望全體同志要變化氣質、加強黨性、修養黨德，纔能擔任艱鉅，反共復國。

總裁云科學發展須待研究，古人慎思明辨，格物窮理，即是此意。共匪批評我們粗枝大葉。

總裁又解釋化字之妙，古人云存神過化，是極有研究的話。

總裁云革命事業不必自我成功，應留與後人繼續推動使能成功，不來怨恨我們。又云「外國人看我，總當為破落農業國之領袖」。

總裁所說黨員缺德、虛偽、自私、苟且、愉惰、消極、被動、散漫、自足。

5月6日　雨

晨起食包子及粥，未幾會眾到余臥室，又未能寫日記。九時在禮堂參加一般黨務審查組，陳雪屏、倪文亞、上官業佑為召集人，討論加強黨的組織基礎案，余頗多發言，余主將主旨三項改為一段作前文，多數主不改。余乃攜酒，同羅時實、徐詠平至陽明山服務社飲，以搶腰片及大湯黃魚為佳。有外交部斯君一人入社找座，余拉與同飯，鄰桌有俞飛鵬、陸翰芹。飯後余等走過福壽橋，入帽簷別業側屋尋李翼中，晤李母、李妻及李女。余等先午睡，詠平與余相繼浴鐵泉。余至帽簷別業某西人寓打電話呼車，其人客廳兩間，器具紅框居多，下房藏酒成箱，月付翼中房美金一百五十元原幣。其人未娶，城內另有住處，休沐日到此處款友，真洋大人不在乎。余歸，三時再參加審查會，議決晨所議之基礎案，余又支持陳逸雲、張希文所提設立婦女組案，余並提反攻時農人、工人、青年皆宜設組。五時天雨，余欲回城，楊有壬遣吉卜送余。余至瞿梅蔭處休息，閱過鍾粹所輯嘉言錄。七時陳嘉猷返，同飯，何君□□亦同飯，梅做蝦餅、清蝦臘肉、燉臭豆腐干、紫菜湯，可稱精饌。飯後無聊，同赴大有觀凱歌社紹興戲，李十娘乾唱呆板，和音樂則嘈鬧，舉動粗浴，但鑼鼓排子自崑班移入者不少，亦足為地方戲相互影響之參考。十時覺劇情及演員兩不足觀，乃回。

5月7日 晴

晨狄慧齡率子如岡來，余勸以即回精誠代用小學上課。王為鐸來，云前云不願為空軍乃一時牢騷，娶妻則擬待勝利之後。王去，張壽賢坐劉和生轎車來接，車上有傅啟學，云台大員生多而黨部經費與師院及他校相等，錢思亮不解應付等語。到陽明山禮堂，張道藩主席，本日為討論議案，余於基礎案無所可否，乃溜出會場覓林潤澤。自山腳過鐘亭，觀一小澗流水，有兩青年循石級上山，云上邊無路可通，余乃約之作游伴，一名陳立華，一名陳廣磊。余等過車棚、洋人招待樓，則為過橋入會場之口，夾硫磺水道而下，入新園路，有三青年黃其洌、盧學曾、周作文，方為崗卒阻前而退，余又邀作游畔。自沿溪循水門汀路而前，為苗圃，為櫻林，至谷底觀人家數十隻雞雛，乃退出。見工人掘杜鵑者，退至一處可下坡觀硫磺水者，盛陽篩樹葉，激流豬數潭，意以為新境矣。有人謂再可以下坡，就傾垃圾斜坡而下，則一木板橋跨溪上，可望上下流水及沿坡之瀑，白滿一堆，過橋則為上山之路，初為亂石路，高處為泥路。余等走至山頂無樹處遇一村農，云山名野豬窩，可通山仔后，山路約八里。余畏下山原路滑失，主張赴山仔后，而諸青年謂路遠恐不得車誤飯，主走原路。是時天熱解長衣，余望向為崗警阻前之洋人房，一不注意自平地滑失，右腳背初時微痛，於是諸少年扛扶攙提余而下至橋，並無意外。自國際分館弄出走馬路，入中正公園紅亭，與諸青年講處世經驗，經車場重入會場。

陳逸雲正講增設婦女組或婦女委員會案，張希文補充說明極賣弄之致，甚至說至美人計云云。上官業佑說不設機構是否即無婦女工作，逸雲反駁云如不設台灣省黨部台灣乃無黨務耶。陳、張說時壓倒多數之男委員嗤之發笑，余作詠張希文諧詩云「聲音清脆演台詞，幼稚園中好老師，可惜眼珠異樣俏，卿卿不是美人姿」。張云無女人不算有家，有人答云家而有婦女運動之女人不算有家，男人寧在馬路上跑不願返家云。兩日來會場岑寂，陳、張、上官表演精采，午飯時飯堂就此題講成一片。

次陶希聖報告「建立反共救國聯合戰線」案之審查情形，案之大意云使反共共同一致之力量不致紛歧錯雜，為敵人所各個擊破，需要大陸上愛國人民、反共武裝、海內外文化學術人士、農工商各界、宗教團體及一切反共政團社團同心協力，站在一條戰線上，向重建統一民主國家之目標攜手前進，建議政府於適當時期召開反共救國會議，在憲法昭示之精神與三民主義建國之原則下，商訂反共救國共同綱領與聯合戰線。希聖並綜合審查會意見，鄭重作口頭報告六點：

（一）聯合戰線是廣泛性而非是少數之延攬。

（二）是政治性運動而兼群眾性運動。

（三）前線在大陸、在海外、在國際，不在台灣，展開全台灣動員作團結中心。

（四）略仿匪黨中立戰略（如宣傳黨部退出學校，實則共黨已進了學校，軍隊不設黨部，為便於運動，軍隊脫離本黨），由本黨主動到中立地點，轉中立為同情。

（五）開反共救國會議慎防賓主易位本末倒置，其準備在教育黨員，海外黨部委員亟待展開工作，應在大陸加強黨員教育，使之參加。

（六）準備工作之另一準備，應至各地方組織團體，使之參加。

關於以上六點需否開準備會議，現在未定之天。討論時李石曾先生主在題目上加自由中國四字，余本欲發言，再思不發為妙。余意反客為主有三可能：（一）客人多、主人少；（二）主人夢懂，以客人意見為意見；（三）主人之一部分想利用客人，結果為客人所利用。故此會之開須先團結本黨、教育本黨黨員。希聖頗致慨於政治協商會議，曾語余云為代表者失去立場，反對之者並無實力。

此案議決已十二時半，飯菜已冷，余食兩碗飯，就第三室臥。臥起再參加開會，討論施政報告，羅敦偉主加經濟四年計畫，頗有見地。余因天晴思出游玩，覓得老贊禮正陽雷振倫及會計室章錦楣（湘鄉人），同沿泉溝下公路車站，向空軍新生社行。陽光正照往金山竹之湖之路，侍從謂此路易行，饅頭山上多蛇且無路徑。余行饅頭之側，破茅亭已修好，有幾處已鋪草皮，皮不黏著於地，已有枯者。過新生社觀瀑流，入後草山公園賞綠苔，以張岳軍別墅前疏樹下及園外樹水之下有一石，綠得若塗石綠，張穀年貼本所書者。沿途杜鵑仍有開者，血牙色為多，章君識蕨，謂嫩芽可炒食，伊在杭州為學生時，無錢購菜則採蕨作炒菜。路側又盛開臭八仙及筆紅鈿紅之花。趕歸，已錯過了全體照相。

禮堂西曬，布幔全閉，不敢開燈，百餘人無喧動者，諸侍衛集禮堂前，見余至皆笑。樂隊二排立禮堂前，余知總裁正作閉幕詞也。入堂，總裁坐講謂民族主義之基本工作為國民教育，余之兼教育部長乃請戴季陶兼部，季陶不肯，我來自兼，置布雷為教次，而仍屬聽命季陶先生，後令立夫長部意亦如此，不料與日本抵抗，余無暇及此。又講地方自治開始實行法為民權主義之基本工作，平均地權、節制資本為民生主義之基本工作。余書一條民族主義之基本工作請加「淑種」，其目為民族健康之增進、國族之融合為一、少數民族之進步、人口之合理增加，與分播民族素質與思想之改良等等。散會時，夫人與經國皆在休憩室，余乃託秦孝儀轉呈。

六時半研究院飯堂銅盤賜飯，總裁請客，回教諸多不食，老者嫌硬嫌冷似亦不食，夫人似亦不食，做樣子之請客。洪蘭友在余對面，謂不亦虐待牲畜乎，蓋閉幕詞曾述某外賓曾云覘國者覘其國是否包護兒童、虐待牲畜也。飯散，在操場語谷正綱以余於討論選舉問題，人民及本黨賢能分子，上官主刪人民，余曰遵總理遺教，莫怕做人民工作，眾乃主不刪，谷得勝利。余又向張曉峰言開會三日，祕書長精神集中之辛苦。又調許君武云在本黨馬君武初祖，狄君武二代，許君武為文孫。數全會周一夔古獸，陶一珊微蟲，林一民入人類，相與大笑。七時半電影原子彈廣島之炸，何敬之坐右首，為釋明 1,600 尺為保險地段，今輕彈威力六十倍。余搭敬之、禮卿先生車回寧園，二中全會畢。

5月8日　晴

晨周達時同學，伊住伯公店電力公司宿舍，離天冷不遠，云東勢對岸為牛□，有練習機場。同往三陽春食酵肉麵，餘一塊贈孫燕民，燕民語我孫仁丈夫葉君包不到演，片在某公司放映，頗狼狽。立院開會，無任大案。余回寓補寫日記，飯後至侯佩尹處，伊傷風不出門，余亦略臥。三時返立法院，討論民運航空法七十五條，交通部得令民航業開闢指定路線，仲肇湘提及損失問題。余主補因指定航線而遭遇損失，為該民營業盈虧計算無可調劑者，交通部酌予補貼。劉文島主加不可抗力，則計算到意外。高廷梓謂一談到補貼則問題甚多，不如改為有能力之民航業。案卒保留再議。五時半余至朱鍾祺家，知永安典另有人以二十六萬盤進，存款人祇能得二成，伊損失約十萬。高雄徐君來，余候過鍾粹不至，張君囑寫「同濟」二字，九時許返寓。

自立晚報載王儒堂先生自臺北飛返香港，王先生兩星期前來台，雷孝實告余住信義路二段 125 巷一號錢宅，余未往見，錯過會面機會。

財政廳副廳長東光陳寶麟（字冠靈）來訪，未晤。

5月9日　晴

盛陽，余擬曬衣服，無人料理乃止。丁淑貞來，囑為伊弟丁溶清設法調職，俾裕收入，伊亦沾惠。伊父丁啟盛京師大學堂任體育教員，八年湖北將備學校畢業，謂其時學生有紅頂子者，母李氏，今失恃怙。淑貞合江女子高中卒業，擬投考浙大未成，余留伊啜粥。余至立法院，送唐文和生女奶粉，出席印花稅，主加凡本法未及者均不在課稅範圍之內。午時歸飯，飯後寫喜聯，贈馮志強（用）娶泗陽陳淑貞。至陳瞿梅英處略臥，同至雙燕牌店購熱水瓶，知張伯常赴苗栗。至凌家，已有農林公司人打牌。至東門町吃臭豆腐干及燒餅，訪戴軼羣，不在家。回大正町安樂廳冷飲，遇堂倌認識余，允一分兩開，將出，遇竇子進全眷。余至中美理髮，遇姚味辛，將以新刻詩稿贈余。余至貴陽街中央信託局禮堂，馮用公證結婚之後，備酒八桌，每桌二百五十元，係老帥，舊在博物館供役，今在招商局信託局料理膳務，馮用與之為友。用在博物館研究室主辦館刊英文稿，博物有出國展覽之說，用撰中、英文說明，新又撰台灣鄭成功以下七名人傳，亦英文。用已有三子，問陳淑貞云嫁余汝多損失，知否余有三子，陳云已在考慮之中。用又不拘一格，結友深得人力。余與用相識係王撫五師所介紹，今日馮又述有撫五先生遺札一包，將示余入日記。余於甜菜後離座，諸人嬲余演說詞，或及撫五先生，恐惹悲痛。余步行歸寓，戴恩沚在草山交通訓練班受訓來探余，余囑其勿責李曼蘿過於省儉，宜抽暇省外舅姑，並與妻黨相當聯絡。伊告我唐堯生傳璜涇信，唐竟任以五反瘐死蘇州獄中，余聞之慘悼。竟任名乃楠，青來表伯之子，兩等小學成立與余同班，同赴龍門師範投考，竟任錄取比余先一年，高余一級，以腦漏撤學，從曹南生上海學醫，余星六外出宿伊寓中，與之同榻，自後余患傷寒，經伊治愈。伊任地方公事，田畝河工計算明白，而不免侵漁，外傳掉換文昌宮普同塔義田，以糧租米易收者歸己辦璜水中學，報銷遲缺。伊又積妻財作居積，但與余私終和愛，余亦不為深究，而共黨竟置之死地，余所悲慟。恩沚既下樓，余惘惘久之。

晨過鍾粹來，屬在立法院推銷嘉言錄。

5月10日　晴

曹樹森來為余曝衣，金秉全來囑為香港南海紡織公司遣散之王延齡謀事，今亦願入臺銀工作，譚璜涇共黨集於彌陀寺後，自後捉人黑名單定於此，為吾輩所不注意也。丁淑貞來，同往食包子兩處，味均平常。往公路西站擠車不上，萬華時間差一點餘鐘，乃游龍山寺，觀抽籤卜筶。十時十分赴新店，尋邵介堃，張迺藩出，迎入包家，鴻德引往碧潭坐船。晴朝滿潭皆船，水色山光，波聲橋綫，有一船女人划船而男人為撐紅傘最美。過和美觀浴，男女有裸體者，某女校集體游潭，並大船五，若開會然。十二時一刻入碧潭小店，問陳芙生無臭蛋，陶一民坐小店店堂。歸包家，坐新房不久即飯，介堃治素雞及冬瓜湯皆美，購館店成菜火雞及鱗魚皆不美。飯後過碧橋山東館父女茶，二時四十分搭公共車回，淑貞為初游。余入武昌街十八號立法院俱樂部，崑曲同期唱驚變、藏舟、定情、夜奔等曲，余跟人唱同場甚暢。汪經昌款客以大饅頭，王道之云其夫人約余，未得接通電話，炎之夫人約余100期作東。五時半余至淩家，同周、姚打牌，余與瞿梅蔭合股，瞿起身輸四百，余收復失地，每人僅輸三十元。此牌可輸一千元，公務員有以二百元贍家活口者，余以後決不打此大牌。十二時歸寓。

5月11日 晴，夜雨

晨溧陽方錫坤引雲林縣黨部幹事高志浩來，為在斗六處得不暢求調他處，予為致片詹純鑑書記長請設法。高帶來狄獻羣結婚照，前年所娶台灣女郎許玉緞已生一子，年日在十月卅一日，為蔣總統誕辰取名龍壽，余囑改為介壽。獻羣在岸南糖廠任人事職務兼辦勞工保險，又負責黨部部分工作，辦岸內小型半月刊，許玉緞在玉井糖廠任工員司收發，相距岸內有一日程，請余託新營陸總廠長寶愈或廠長陳遲（字伯須）設法。獻羣有老母，有妹亞瑾在另一糖廠任事。方、高去，余啜粥，路平甫住釜山半月，謂韓國秩序太壞，前途堪慮。余至實踐堂聽戴愧生作紀念周報告，謂菲人雖獨立，極怕人家看不起他，故時時表露不自然的搭架子。中國人知識跟不上財富，婚喪有設宴一百、二百、三百席，一日化美金一萬者，墳山做得象總理陵墓，住房相賽增奢，不知節約，有人一日能掙美金一萬。禮畢，余同張壽賢、王子弦訪王啟江於中心診所，王孝華任看護，臥側床，啟江惟左拇指不能屈伸，面色甚佳。嗣余等又訪李君佩先生於轉車上，一特別看護守車，李先生謂貼皮處尚有兩處未收口。歸過立法院，出席審查會，讀印花稅法附表。歸寓整理曹瑞森所曬衣服，飯後臥，臥起得戴愧生所贈雪茄煙及陳國樑所奉陳公耀垣事略，國樑乃耀垣之子。余入陳清文房晤戴，陳與戴馬尼拉同陷日兵營三年，戴前往日本主陳寓。余略與談，即至梅蔭處，值其睡醒，邀余飲酒，食蝦子，蝦有腦，惟嫌體小。余至新聞處訪周雞辰，知其抱病。於雨點中至鄭明家飯，知鄭皓向愈。歸寓，同秦啟文入錢家打八圈，吃西瓜及蛋糕，十二時乃返。

5月12日 晴

晨為台南佳里鎮省立北門中學成立第七周年，集葩經撰一賀聯云「金玉其相，莫如南土；德音是茂，出自北門。」劉孟衢來為磨黑拉紙書之，並書一狹條給孟衢、彥陶。北門中學薛佩琦為校長，薛為太倉縣長時曾宿璜水中學，余與薛書並述璜水消息，兼以告北門中學家長會首席常務委員郭泰山等，想必為地方熱心教育人士。十時立法院開會，龐松舟報告追加預算，金山土語懂者甚少。飯時同秦阿壽飲一滴酒，飯後吳瑞生引胡湘來，余臥床熟睡。三時代羅志希出席工作會議，議決七月開辦實踐分社，唐縱為籌備主任。又議決黨員保險收回自辦，以收回之四十萬保證金之孳息為保險賠償金。余主辦一練習銀行，以利用人力，流動黨資，徐柏園以為不可，余述之於郭鏡秋、胡希汾，以為必要也。希汾云今年靠羊毛得美金十二萬，每元可獲三十一元，新台幣明年便無來源，自改造至今年四月共用新台幣七千萬元。六時歸鄭宅，吃海燕豆腐湯，青燉青氽魚鹹而肥美。台灣青氽魚來源有二，小者自日本來，曰海鱗魚，大者加拿大來，曰青鱗魚，林在明云上海有新鮮青氽魚，糟食極佳，台北有新鮮馬膏魚，味經則云馬膏魚燒塌窩菜極美。飯後即回，孫全杰語我孫仁已與葉君離婚，仁抱小龍到麗水街十七巷一號來住。李樸生送來香港黑摺扇兩把，比去年姚志崇所送之半打略大，惜無更大者，樸生書云搖這把扇子似乎還不夠味兒，真知趣也。

5月13日　雨

丁淑貞來，余方閱報，同出至梅龍鎮、三六九，皆未開門，入誠孚祇吃小籠一客而辦公時間已到，丁匆匆而去。余晤孔凡均，託之寄薛佩琦信，陳惠民為余付帳。余以久未見佩尹，往士林探之，伊因王平陵生日進城。余歸，至立法院聽葉公超換俘報告及聯合國情形，劉文島、牛踐初有詢問，葉答覆，余聽至張子揚詢問乃歸。閱法帖，並閱海外雜誌王一之記法國帝甕 Dijon 二十三次美食年市 Festival culinaire international de la XXIIIeme Foire gastronomique，述帝甕在古羅馬盛時貴族、主教吃風頗盛，十八世紀名廚特製鵝肝與土參（譯音土鹵薇），十九世紀洌酒（味甜）、燒酒，芥末、花椒蜜糕餅及糖各自成一種工業，二十世紀每歲開萬國美食年市，今年巴黎新中華七樓主人劉全富燒揚鎮名菜得獎憑。孫仁來，余為致書查石村，為之謀台影職務。三時立法院歡迎蔣廷黻在中山堂和平室，聲音不佳，蔣伊朗油、北菲獨立等問題，云我中國反抗帝國主義及廢除不平等條約皆積有痛苦奮鬥經驗，聯合國遇到此種問題，我現身說法，易使人接受而覺得合情合理。蔣講時會堂聲音不清晰。余於四時半離座，候十二路車，費二十分鐘，至梅蔭處休息。夜飯時陸孟益、景輿、郁鴻治同桌，飲花瓶威士忌一盃，菜有萵筍葉豆腐皆肉屑、燒茄、孟益帶來臭豆腐干。飯後郁君談郵政赴新疆而不得回者，十餘人中有七人。郁君三十七年離西安到秦嶺，給放行證者乃沙蟹同志而感激郁君賭品特佳者，路上所坐小包車客勒子壞，解解繩索用卡車拖走，至脫險地帶，八根繩已斷七根，下面機關槍聲已聽得清。九時歸寓，陳伯龍、楊宏釗、秦錫壽、錢探斗因秦啟文請飯，余與譚話，啟文云釜山帶回高麗酒佳。

5月14日　雨

晨食稀飯，彭長貴經營之玉樓東餐館今日開幕，余書「調味精如彭長貴，令人常往玉樓東」一聯，又為奚復一表弟滋泉書中堂及長聯，徐銘來為余磨墨拉紙，余祥琴估房屋，擬請江一平律師公斷。余送寫件與奚復一在大雨中，復一遣車送余往瞿梅蓀處，食沙里文麵包夾鹹肉。十二時徐中齊補請立法院同事吃兩桌半，余講笑話數則。歸寓梁慧義來取去兩百元，伊云近打沙蟹手氣尚好，余戒以勿賭。潘時雨擬進海軍特務，某西南公司囑余為保人。梁邀余觀電影，余未允。夢睡中聞黃仲翔來，云戴愧生邀伊往斐律賓，余允借伊家月用不足之數。出，至玉樓東三樓參觀，老劉、彭長貴招呼甚至。至立法院，聯席會已閉，恐是流會。余至雷家閱雷父詩集，劍川趙藩作序，極見兩人交誼。食水餃，丁、周兩醫生及錢小姐來，賀鳳蓀不至，飯前唱曲，飯後抹牌，余覺體倦，坐車而回。昨閱報知水蒸氣能毀屋宇，又閱印光法師遺集，屢云普陀廟宇殿寮每為鹹霧所壞。劉和生陪張永官來，永官十六日與孫春芬公證結婚，設席三陽，請余吃喜酒。

5月15日　晴

蔣廷黻昨在台大法學院講「國家要生存，必須有力量」，其大要謂近代的文明雖有進步，如果我們以為在文明進步的時代即可以不講求國家的力量，那是最大的錯誤，論國家力量的因素，土地、人口為基本之外，科學、政治、文藝三者，亦為重要因素，因為：（一）科學的運用及生產力之培養、（二）全體人民能真心誠意擁護的政治制度和（三）精神文化三者，為繼算兩國家土地與人口相等之外國力總和等級之根據，中華民族是一個有作為、有前途地民族，我們的天才是無問題的，問題全在於天才的發揮。蔣氏云：

研究自然科學者總不至專講理論而不顧事實，更不會提出與事實相違背的理論，研究政治經濟及人文科學的人往往高唱理論而全不顧事實，他們當中以為只要理論是高尚的，事實可以不問，這是一個狠危險的態度。

聯合國沒有力量維持世界和平，數十年後聯合國演變到什麼程度今所不知。

丹麥面積比台灣大十分之一，人口只有台灣之一半。1951丹麥進出口貿易達十七億八千萬美金，丹麥還只是一個農業國家。比利時面積比台灣小三千英里，人口相若，1951比利時的國際貿易達四十五億四千萬元，比利時是個工業國家。

民主政治是最有力的政治，民主政治的推動要靠朝野通力合作。有人說英國政治的高明全在乎英國承認反對黨不但有權力反對政府，並且有責任反對政府，但反對必須是負責的，反對背後也要有民意的支持才發生力量。如果反對黨只唱高調，或為私人和小組織謀利，久而久之人民必要厭棄這種反對黨。中國政治最大問題一則在反對黨是否有法律上反對的權利，二則在反對黨的反對是否負責任的、具有建設性的，及能否代表民意的。

革命的國家都喜歡談政治制度，新制度好像打圖案蓋房子一樣，結果許多新制度在社會上不能生根運用起來，一點不靈活，有的時候制度雖然是新的，運用的精神還是舊的，結果有舊的壞處而無新的好處。其實政制是一種有機性的東西，要適宜於當地的土壤及氣候，那就是說要適合人民生活習慣、知識水準及政治經驗。

大國有大國的便宜，國家大小與存亡關係是很密切的。政治的高明、經濟生產力之優厚及一般文化水準之高尚，世家國家中沒有超過捷克者，究竟因為他太小了，所以在過去十幾年中一次亡於德國，最近又亡於蘇聯。

關於文藝，法國、波蘭、瑞典、挪威都有偉大文學家、藝術家出現，在國際間得到欽佩，我相信中華民族有文藝天才，問題在我們是否能誘導青年興趣到文藝方面去，是否能對文藝有興趣的青年，給他們的機會與鼓勵，我們社會今天是否尊重文藝作家，我們風氣是否適合大作品之出現。

余於上午出席業務會議，主張各種民眾大會，無須讀總理遺囑。十時半入立法院，討論涉外民事法律適用法，武誓彭說明，陳顧遠補充，自民國七年有此法，雖在民商統一法律時亦未修改，此為第一次修改。報告書中謂涉外私法的法律關係以商事為最多，若將商事法律概予列入，未免過於繁冗，似應在本法外另有法律詳為規定，俾資因應。自二十六至三十條，何種情形依何種法，或適用何種法，頗費研究。余於十一時半返寓，馬光辰來商事，留飯，秦啟文出釜山酒，余飲後且裝一扁瓶，孫仁來吃西瓜。余睡起至泉州街大陸救災總會，商流浪港九街頭非調景嶺難民每人二十元之發放辦法。七時到王豐穀飯，鮑、朱二太偕豐谷打十二圈，余一人獨負，雨中坐三輪車歸。

立法院黨部函警察法草案第八條第七款戶口查察改為戶籍，經黨政聯繫談話會交換意見及三十二次常會，多以為仍改為戶口查察為宜。

薛佩琦寄來北門中學概況，云是三十四年台灣光復後接辦日據時代日據時代之初農及女職兩中等學校。三十五年就初農校舍設三班設北門初中，以舊台幣六千萬元在日本小學廢址建立新校舍，三十八年春完成教室二十四間及可容千餘人之大禮堂一所，溫麟為校長，是秋添辦高中。四十年三月薛任校長，添教室、各縫紉室各一間及各項設備，四十一年改制隸省，添教室一所及教育宿舍一幢，費新台幣七萬元。現共十九班，學生九百三十餘人，教員六十人，地方人士贊助甚力。初中一、二：五班，三：四班，高中一、三：兩班，二：一班，年需費四十萬元。

盧滇生卒，其以省政府顧問所得之小屋不穩，陳志賡與余商可將此屋撥給文書科科員吳仲良與盧夫人合住。省府之文書科長熊昭祺希望兼專門委員，均允向浦逖生提之。

港九各區街頭難胞，蘇957人，粵最多4,251，湘次之1,195，此外較多者皖518，桂927，共為11,976人。港政府近又轉媚共態度，華民司杜德不承認有街頭流浪人，更不許大陸救災總會發放賑款。前次發調景嶺者期限迫促，驗相後對號碼證領款，證約一萬三千餘人，亦極費事。今擬將此款作為各省市同鄉會所給，云以同鄉會名義在香港做得通。余主先發領款證，祕密分站、分籍發出，發不到者送去，諸人以為難。余並語自香港歸之某君，慎防香港政府做得澈底，存款處勿洩。

5月16日　雨

晨丁淑貞來同粥，粥為賸飯所煮，飯塊壘壘。余入立法院參加財政委員會，余擔任陸軍保險條例審查員之一。今日為全體會議，人少草率，高廷梓目為低潮莫過於本會期者也，不知認定祇一個委員會而多數人仍不到會，其故何在，其因管頭管腳，情緒惡劣耶，待遇追不上物價，起勁不來耶。余於散會略購鴨肫，遇賀其燊為子購藥。歸寓飯，飯菜燒得比前家常些，蝦米白菜湯尤美。飯後於雨中尋侯佩尹，伊病後尚支撐得住，介紹余閱換鳳離鸞記，為拿破崙、約瑟芬故事，伊並講廣西山大王搶人故事，其足驚人。三時入中央黨部參加工作會議，於撤銷黨籍後還加行政處分，余不贊成，以為撤銷非黨紀處分，黨員總登記去腐生肌已足，何必再處分人，此種配合甚足引起事端，於國法、於黨基不利。余又反對中等學校學生不參加政黨之宣傳要點而留其項目，又說從政黨員之政治教育實施綱要等嫌章則太多。六時至梅蔭寓，不遇，至中華書局飲酒，諸人極歡。至三陽春吃張永官喜酒，下大夫、司機五、六桌，新娘大連人，黑健。八時同梅蔭鐵路局禮堂，觀京劇群臣宴，曹曾禧彌衡，唱毛一段，李奇峰曹操，勾臉凶而不奸。三家教子，馮端玉吃虧在音樂不配合，范玎玎倚哥出唱原板難得，罰跪小動作過油。最後十三妹，郭淑英出場說白嗓門太高，打架甚佳，張金鳳出得太遲，服裝不彀，過於草率。十二時散，梅為第一次觀十三妹。今晚特客為俞大維，余與握手回寓，浴後即睡。中央委員會送來蘇修二號新黨證。

5月17日　晴

晨丁溶清來，同覓得一廣東店，食牛肉粥、餛飩尚可。同至士林一游，總統方做禮拜，警衛森嚴。歸搭1-10公共汽車，尋張道藩不得，自其家繞田塍過大灣台大新建教員宿舍前，窄緊滑爛難行，於牆根過木皮四塊橋，左足落水，足嵌兩木之中，不易拔起，夾衣水浸，全是萍藻，褲腳亦濕。行至楊寶乾家稍休，觀有杭州客方在吃飯。楊君引我走至十六巷梅家，梅君語我今雖得為民航空運隊業務處營業主任，但經過困難，幾乎做不成，即做得亦全聽洋大人話行事，實洋奴也，與為國家效力情意不同。飯時飲加拿大威士忌盃半，菜以炸牛肉屑、田雞百叶為成功，腰片切得太小便不嫩。飯後坐車到郁家，請新疆郁太太為余整治濕衣及膠鞋。余略臥，同凌同甫、姚志崇、徐松清打牌。同甫夫婦輸完1,000碼子，僅需付二百元現款，姚、徐均贏碼四百上下，人得五十元，余反負為勝，亦得十元，八十元為頭錢，論省錢及娛樂實亦有趣。而同甫連云笑話乏味，徐後一時亦不和，而覺無錢可得而掃興，覺杜家之純為消閒牌不易得人領會也。今日孫伯顏夫人治菜兩桌，以清燉鯗魚、魚肚腰片及酒盅蛋、燉醃鮮為佳，甜品鳳梨白果亦佳，奶油王瓜失敗，芥辣雞平常。

5月18日　晴雨間有

晨起，窗初辨色，為張伯雍補白吳縣一瞥，寫成之後交吳亮言，未遇。到真善美購得瀏陽特細夏布約五丈，付四百七十五元，實不算貴，文羣認為好貨，高廷梓以為公務員殊無力購進。廷梓曰立委同仁不樂出席審查會，余頗怪同仁不是，今不復怪同仁不是矣，說來話長，擇日赴寧園說之。余參加中央銀行法審查會，距離大會通過尚遠，余主早日通過草案公佈於世，以觀反應如何再行論定，余主張有區行、有總裁。回寓飯，孫仁來問台影公司有希望否，余又與朱鍾祺商事。孫、朱既去，又熟睡至三時。赴胡希汾處商寄金，及齊魯公司尚未便購宿舍，復戴丹山書。至梅蔭處拉孫、郁二太太打八圈，夜飯後歸，洗身後睡，天又回熱。

5月19日　雨

粥時食梅家帶回之曹白魚，分與台灣下女，下女以為美味。粥後張言斌引王佩珊來，海門人，十七年與鄒海濱先生戀，生鄒達，現在師範學院肄業，母子不得生活，擬發布醜事與老人拼命，謂在特別委員會時代識余，向余訴苦求助。余以余係後輩，不便從中調處辭之。據述略鄒先生大埔有元配賴氏，次已故許氏，次在香港之梁定慧，次王佩珊，次趙淑嘉。佩珊廿四年經鄒先生介紹服務於司法院，日本戰事起遭遣散，曾往蘇北墾荒，後移上海。戰事告終，與鄒先生同住紹興路八十號政府沒收漢奸繆斌之產業，始與趙淑嘉同居各炊，初尚相安。卅七年時局緊張，鄒、趙避居香港，卅八年春趙淑嘉乘間回滬變賣八十號房屋，得契價黃金580兩，佩力爭得三十市兩，以搬出為條件。三十八年五月佩往香港，廣州與梁定慧同住。鄒、趙所擁之資：（一）八十號售價550兩、（二）廣州東皐大道房屋港幣十萬元、（三）陳濟棠送港幣三萬元、薛岳送台幣五千元，佩主共同分派或保管。佩所有積蓄三萬三千元存於台北地方法院出納員張雅雄處，張雅雄去冬因挪用公款被捕。佩要求：（一）鄒、趙立法、監察兩員薪水分一分給佩、（二）給資十萬、（三）同居共炊。陳紫楓等調停給四萬，不足由廣東同鄉友好再資助，本年三月廿九日會於余漢謀公館，張鏡影為全權，又因趙淑嘉亦到，議而未洽。趙主延宕政策，以為各方不理，佩無能為力，終必喪失面子也。

余於九時半到朱鍾祺等余之處，同入台灣銀行地下保管箱，晤沈維百子，取出四十年所放入之四十八兩金，送與中央財務委員會胡希汾同志處囑代保管，胡擬仍放入台灣銀行保管箱中。余檢自書之分金，囑付元寶一隻，原以贈姊者，今姊逝世改贈弟豫，余頗悲傷，但亦幸得金之途、分金之法皆屬正當，不知金能保持否也。

立法院今晨係三讀民運航空法，二讀涉外法，余在寓飯，飯後略臥。同孫仁訪查石村未得，上海樓俞、晏二夫人在，孫夫人亦在，余代梅打十圈。九時返浴後，閱匪情各報乃臥。

5月20日　晴

晨出席軍人保險條例審查會，聽說明商標題及總則。熱鬧至午飯後，余訪侯佩尹，遇吳樹閣同學，云伊已遷迪化街二段，有新北投租地草屋擬一萬八千元出售。余歸，出席財政經濟聯席會議，因豫算不平衡，擬加鹽稅為 135 元。余主從緩為宜，蓋以米價正波動，以不出題目為妥。聞平衡追加預算之第二題為出售中紡公司，余亦為是難題。五時至梅蔭處，值其發痧，同彳亍人行道，至民生路購香蕉乃回。郁鴻治二妻留餃子，姚志崇亦來吃，吃畢至孫秀武處，始知方肇衡兩月前已升幹事。回寓閱民國十五年以前之蔣介石先生，毛思誠編。

5月21日　晴

晨丁淑貞來，同至松鶴樓蝦腰麵，毫無味道。余至中華書局小坐，過立法院，回閱蔣先生幼年、少年、留學、光復、違難、韜養各時之紀年史，王逸民助寫字三張。夏敷章來囑訂正阮村老農傳，並央作序。三時至張知白先生家，借得嘉魚胡祖舜（玉齋）所編武昌開國實錄，係路邦道所藏。四時美而廉三樓法比瑞同學會第四次同學會，議五月底茶會歡迎法公使加當及李石曾先生及其他會務。六時至孝實寓，飲日本清酒菊正宗 KIKU-MASAMUNE。飯後送台灣語戲票往鄭家，德欣未滿四月，林在明多與以鈣片，竟出齒。歸晤錦姪，為文耀久病不愈，痛苦備嘗，囑余訪問台大精神病林醫生。

5月22日　晴

晨赴中央黨部，郭澄為第五組主任、前教育廳副廳長謝東閔為繼郭之副祕書長主席業務會議，報告案有房租津貼，副主管同樣月得二百元，有謂宜得房子者。副官有更動，有人囑余發起月終宴會送往迎來，張君壽賢謂慎防人家說副官結黨，又主張吃公家。討論事項列有印刷文件保密，余主閱過無用者送回原機關銷毀，得送紙業公司造紙漿，昔林子超先生曾如是做。會散，余入立法院，購燒餅入休息室請人，女委員無敢吃者。院會通過印花稅法，有意想不到之順利，余向高廷梓、朱文德賀。廷梓曰近時院會審查案不甚整治者亦得通過，無人發言，此案為整治得較稔者耳。十一時半余返寓，發陳伯須、高志浩、邱宣悌書，下午臥。四時院會討論度量衡修正法，喬一凡主張民間適用保留國粹，苗啟平和之，彭爾康釋之。余發言謂原第二條原有輔制，今刪去，如重付審查是恢復，第二條則屬可能，如連第一條採用萬國制而根本懷疑，則不能審查，第二條亦以第一條之度量衡為標準也。卒眾主明日再議。五時余至師範學院，車上遇勞榦，余語以久不得北平消息，甚念周枚蓀，勞云枚蓀迄未寫自白書。余入豐谷寓晤羅店沈君□□，謂兩年前在羅店，自第一日公審無人舉發，云第二日再審，乃連夜逃滬者，云鎮鄉生活皆苦，多啜粥者，過時節亦免強。既而潘君夫婦來，為請余寫「同濟」二字，而送火爪。夜膳時夏、張、沈等團之一桌，潘妻王上海盧家灣人，同打麻雀十二圈，張仲和一人獨輸，三人均分到，余取四十元。晨起有嘉定人田章上樓告幫，云在虎尾糖廠被裁，到台北治足疾，訪余未得，缺少盤纏。余初允給二十元，田索四十元，余乃給之，余心中謂可以打牌取回，果得贏三十五元，向豐谷多取五元。潘君約下星期二夜飯，十二時坐三等返寓，初十夜月明朗，微風送車，極適。

日本京都大學教授小湊潔研究大蒜三十年，知其含有新維他命劑，施用於肺病、神經痛及乳汁障礙之患者，顯示滿意之效果，獲得京都大學農學博士學位。

5月23日　雨

晨至立法院黨部審查軍人保險條例，余主取消運用基金上不加平準二字，第三條撥基金祇問需要，不審國家財力等等，以為今晨可以完成矣。下午遇主席魏惜言，知十條以後尚有問題，再須開會。余回寓，簷雨生愁，雨聲上樹，乃修項蓉書。陳堃懷、孫仁來，謂伊叔全杰得為中和鄉材料廠長囑余作書連定一，求在建設廳附屬機關覓一就。二時半丁淑貞來，余本約伊出游，天雨伊亦欠健。余將赴中央黨部代羅志希出席工作會議，余敵後黨部主張勿令做宣傳及改正另一黨員思想及授以工作技能等，於四大公開主張糾察小組，於財政及人事經提出詢問而無答覆者，得向主管業務機關詢問，於星六下午開會認為不宜。今日陳瑾恭初以財務委員副主任委員出委會議，與謝東敏皆自政轉黨，有人稱為從黨同志。五時陳誠、張厲生臺北賓館招待立監委員茶會，余向辭修講鹽稅加非其時，恐被人拿作物價漲風題目，不如暫緩，伊允考慮。倪文亞送余梅蔭寓，天正大雨，梅煮豇豆百叶蛋炒飯，余食得甚香。飯後孫再壬等上樓打呂宋，余步行返寓。今午張炎元提出時局外交研究，鄭彥棻說日本黨務之爭取，皆有不做不可之感，而不但效果渺茫，且悔下手太遲。

5月24日　雨　星期

晨起侯佩尹來，款以戴愧生所贈之雪茄煙。丁淑貞來，同佩尹講究英文詩，佩尹云英文有更接近中文者，如月光曲，如傀儡家庭，與中文排列完全相同，比法文之 du, de la 省事而有味。侯、丁研究愛的哲理一詩。方福生、肇衡隨秀武來，余請上梅龍鎮，麵餃尚有味。歸，余到記者之家，定廿九下午蘇松太座，告夏伯祥，請王鴻磐發通知。十時張壽賢率第二、三兩女及幼子來，淑貞求歸視其女，侯佩尹引往新北投車站，轉左中和路，過橋路滑且凹，汽車極難行。轉入山腳下，參觀吳樹閣房房，整治得尚好，但交通不便，人少了亦不能住，與文耀不宜。出，有好路可通老北投，今日修理不能通行，循原路轉左入僑園，舊行政院招待所也。客廳頗大，上樓為房，房盡為浴池，余即解衣入浴，硫磺氣不重，而汙穢自落。浴畢，在七號房坐雨，講余入粵初任政治會議祕書故事，開周世安所贈黑白貓牌威士忌，飲之酒醇。一時許在樓上飯，飯畢入客廳，遇方子衛、戴永昌，又遇十八年隨譚組安為僕從之周桂生，在園司役看守電話，呼余為狄祕書。余給小賬、飯費後入城，回寓加衣，即入大理街台糖幼稚園參加98次崑曲同期，聽小宴、琴挑、折陽、定情、八陽、望鄉、拾畫等戲。食糉，鹹者較佳，攜餘糉給鄭明，婿子弟方賭，少屏嫂亦在，皓已全愈。出，至立法院黨部，吳子華、唐文和之女滿月有酒三桌，菜尚佳，酒後余慢步歸寓。中農同仁聯誼會推余為復行促進委員，諸董事之外，黃通、仲肇湘、鳳純德、李光仁、洪賚成、洪瑞堅、鄔顯章、杜梅和、翁之鏞、孫丙炎、朱如淦、楊克天、鄒馨棣、李錫勳。薛佩琦修書來謝，謂寫件當精標陳列棉職中學，一是則又不勝滄桑之感。王文蔚自台北救濟院來書，內政部役政司尚未成立，上半年無望。邱宣悌來訪。

5月25日　晴

傷風，竟日流鼻水。晨往實踐堂紀念周，謝冠生講中國司法古制之與今及其他，各國異者：（一）以司法為主之行政官；（二）失入、失出皆有罪；（三）審限明白訂定、處理迅速；（四）道德與法配合，法律取其易行。標準低至民四袁世凱令縣知事兼理司法，設承審員，方是行政兼理司法，自清末已與英定約改良司法，之後取消領事裁判權，故我修訂法律採取外國制度，十六年之後燦然大備，三十二年一月十一日不平等條約解除，實不僅司法上可紀念之令節。外人參觀我司法之後，謂司法教育欠缺，法律求人民多數了解，尚嫌不彀云。會散，同張壽賢往拜胡秋原父喪。歸至財政委員會，商批答兩請願案文，又在預算法審查會上小坐，聽崔唯吾孤掌難鳴說明提出之修正案，程烈駁之。余至孫芹池夫人處還款十元，伊謂陳希平住成都路二號樓上，伊關照，伊下樓相迎，知伊在板橋籌備紗廠，伊母在蘇州卒，徐弘士亦卒。余至鄭明處飯，徐復人、東明及徐銘來商案。午刻江一平將調解情形電話告余，云余祥琴收進房子，出十二萬五千，東明要祥琴遷出，問江律師余遷出需錢若干，且需問東京徐昌年云。飯後余至錢、王兩家一座，王伯母病消化不良。九時歸，蓋薄被，又蓋十字呢夾袍始睡。

5月26日　晴

晨院會，祕密會議討論中紡公司不出售，中醫可設學校，下午討論監察院各委員組織法延會半月等案。中午余赴陳桂清家食酵子，觀軍眷打牌。下午一時步行回寓略睡，陳希平與王□□來約明日午飯，至陳瞿梅蔭處小休。夜應潘臣瑾宴，飲威士忌三盃，同鮑、朱賭，鮑勝，十二時散。吳國楨寄來不克踵辭鉛印信。

5月27日　雨

晨起頗倦，徐昜繩來囑寫茂康汽車修理廠開張賀字，余書「意誠工善」，嗣寫他件，皆不稱意。天雨，閱牡丹亭，「淮警」硬加武場，無甚道理，但可見舊時設班文武人才均有，如不利用，勞逸不均，又文班戲無武場，觀者不能過癮。十時許張壽賢來，同邀王子弦賀朱騮先六十晉一壽，車輛絡繹，門前路泥濘，于右任先生亦迴車入門未下車。余等晤梁、鄧、羅、朱謙等，余書一小壽字，眾說別緻。歸途至趙耀東家飲酒，郎瑛、唐啟虞子作陪，龍東之外有Happer甚美。十二時一刻在記者之家，同陳希平、孫芹池飯經濟，菜皆不佳。回寓睡，天正大雨，悶悶不樂，不願赴立法院小會。五時至梅蔭家吃絲瓜紅魚、京冬菜燒嫩豆腐、素燒毛豆、鹹魚燒肉、海燕油豆腐線粉湯，所謂海燕係白泥魚，尚鮮。飯後上樓講香港事，梅為住人家無自由，招待來客後主人來搜索，若不許者然而流淚，余近亦感國步艱難，心中不舒。九時雇三輪回，過後車站，車夫不願再行，給以資，步行返寓。

5月28日　晴

晨侯佩尹同食粥，云劉大悲家老崔要求加薪，不得已離去，佩尹尚未親自舉火。葛建時來講宋希尚離工專之經過，其人熱中而外強，思集中權力，而用人不當，不能得其力，用某師範落職校長為祕書，而用人頗為之左右，向教育廳辭十餘次，邀准出於意外。建時要為中央日報編輯，張道藩有書致胡健中、陳訓畬，余以為不宜，勸伊任工專專任教員而繙譯日籍。葛去。余之立法院財政委員會，審查煙酒公賣條例，余主此條例僅為台灣省適用，而罰鍰可用新台幣，零售商之許可建設從寬，而違章罰原呆定為貨之三倍，余主一培至三培。十一時返，候立吳來飲酒不得，得張壽賢書謂立吳因足疾不能飲，期以他日。余在寓飯，髒而味劣，飯後臥，臥起為湯文輝喜事寫聯。四時至實踐堂參加五月份動員月會，出至陳桂清家取照片不得，歸持喜聯往銀翼賀湯婚，金秉全至竹北迎新娘來，新娘林氏廣東人，有母。六時余至雷家，同楊繼曾、陳芷町、嚴慎予同飲白馬一瓶，飯後略唱曲、打牌，十時乃歸。芷町血壓高，龍鍾老矣，謂竹已入穩境，余謂不如廣州時所作。

5月29日　晴

晨金秉全來，同食粥，伊云湯文輝、林冉媚當於中午來謝余。文輝弟不知因何案被拘，文輝今為公路警察隊警務員。余至立法院黨部換戲票，得中山堂九排兩張，余以之贈丁淑貞。余出席業務會議，軍隊黨部主張凡致軍人之件均由該黨部轉交，余反對之，李士英主張通過組織，余謂是否通過權力機關。又討論小組會議之報表及研究題目，余主分量不能過重，又不能取全體為幹部。散會至立法院，正討論警察法。飯時回，陳宗周來託為陳振岳謀推檢。飯後孫仁來，同攜照片等上記者之家，出席蘇松太月會，請徐澤予為講演，台灣不會託管也不會成獨立共和國。四時散，徐勗繩介紹茂康汽車材料廠，七時請客，余以體倦不往。余在豐穀處臥帆布椅，聽豐穀譚上海教育局朱經農係為陳德徵所夥攻，繼任者保君建預許海關同事以教育局職務而不能償，為人告發海關舞弊案而停止任用。韋慤因張岳軍來而免職，受刺激甚重而入共匪之室。陳德徵被禁於南京，德徵於開教室增校舍確有弊，既幽禁致書豐穀，云後會有期，期為遮蓋，確自知不妥。其所得購金山田辦建國中學，亦未受到實利，真是不值得。夜飯後歸寓，閱何應欽八年抗戰記要。

5月30日　雨

俞良濟來約明日下午雀敘，款以茶、煙、酒，均說甚美。俞未去，沈璇華來謂考取台銀，人指與寶華為胞兄妹，璇早已嫁馮君，實係兩家，余為向虞右民說明。余天民來囑余為向台北女子師範任培道處謀國文教員，謂刑事司司長月得三百六十元，六席房下有煙突，前為走廊，工作極重，與史延程等無可比。丁淑貞來，天民約赴梅龍鎮早點，淑貞吃麵一筷，九時已到，匆匆而去。余與天民別，入立法院審查軍人保險，坐至十一時返。出理髮，飯後略臥，三時代羅志希出席工作會議，因某案出於勞工派系，為之氣憤。六時至向采家飯，秀武至童德昌家賭。余至梅蔭家略啜粥，回李家尋得扇，步行返，遇陳嘉猷約蹺腳麻將。歸寓，小葉嫌余歸早，余告以心中不舒。得東京銀座二丁目二番地朱葆初五月廿七信，云褚葆三與伊電話，得去年錢君帶至東京之籃布長衫，今日與伊姊淑貞。訪購日本熟羅，均屬門面單狹，並有各色花紋，係日本女子縫和服用者，已託友人往香港購置，縫成後由郵或託便寄台北，夏天相宜衣料再設法寄去。姊夫已回大使館服務，生活尚可維持，方安今秋由英國來日本，在日本聖心學校教書。

5月31日　晴　星期

晨邱宣悌、曹樹森來，宣悌請改自傳，文理與曹相若。余為曹介紹陳希平，曹赴希平處又返，余為講通文勵品助人各節。十時之後余赴黃筱堂，筱堂與子皆星期上工，在永安當喪其積蓄七千元，家用不足，無法貼補。次尋劉文川、談龍濱，文川方洗衣，子入裝甲之家託兒所，月一百四十元，營養與管理均不壞，兩夫婦在總統府包飯，人六十元，亦能吃得下，月有加菜四次。余又訪錢馨斯，被單清潔，伊自為老媽子，情況較佳。歸寓飯，秦啟文有友人來，啤酒添菜，菜八簋，豆豉蒸肉為合味。飯後余略臥，於盛陽中乘園路至新生路下，自臨沂街入俞家。俞屋灰色改黃色，前後二客廳合為一，精治水門汀，可供跳舞。飲酸梅湯及茶，候久之，陳茹玄夫婦、秦景陽先生、羣之夫人、黃老太太、丁君夫婦來。余同秦、陳、俞打較小之牌，茹玄出赴政治學會，其病愈，夫人打八圈，支撐張致極苦中。吃雞包、冰淇淋、桃子、杏仁豆腐，飯時有蜜汁雲腿、凍雞蛋、蟹炸蝦、搶腰片、醋溜魚、麻叔隆湯及西洋菜湯，余極愛西洋菜湯。飯後打至十二時，共二十圈，余輸十五圓，乃歸。羣之在另一桌，最得利。

得岸內糖廠廠長陳遲（伯須）書，謂岸內廠員工現有名額超過甚多，如從外廠調入，為公司規定所不許。現經洽定，如許玉緞決意離開玉井，本廠可予補進臨時工名義，俾解除狄獻羣之困難，已轉知狄君洽辦中。獻羣隨來信，云六月底玉緞轉廠岸內。

6月1日　晴　星期一

晨於美大使館前園周道遇侯佩尹，尹訪余，余方往中山堂聯合紀念周，鈕惕生先生主席，郭寄嶠報告關於實踐軍事政策之工作一小時，尚扼要。余乘張壽賢車，車上有劉聖斌，伊綏中人，為榆林鄰縣，近山海關傍柳條邊，邊所以隔別蒙古，是地稱熱河，為邊外，綏中在驛道，舊名中站子縣，係新設舊屬□□，為袁崇煥防地，余同壽賢至吳稚暉寓所，下新建一木房三間，師方睡熟，一看護旗袍在床側一客室，馮元賽住客室之後，知師健，適愛吃青魚、牛肉，余稍坐即出，遇蔣碧微下車。余上張道藩車至禮堂，見許多熟人穿軍服，任顯羣亦在內，此為革命實踐研究院建黨問題，研究院輔導總裁稱為委員，凡五十人。今日開學，倪摶九讀七中全會開幕詞組織化、紀律化、科學化一段，計十二頁，總裁自讀一頁。余遇張茲闓，託以丁溶清調收入較好之事，張云台幣不亂發，餘數較少之米不出口，雖加鹽稅，不會刺激物價。又云伊頗願整理經濟各問題之材料供權力機關論定，惜為部長職務所牽，而又缺幫手。十二時散，余歸梅蔭處食飯，飯後熟睡至三時，醒而索茶。同出至工礦公司，無所購獲，入新聞處送周雞晨喜聯、欠款，伊足傷於陽溝，尚未愈。余至鄭家飯燉豆腐、鹹魚炒蛋、獨腳蟹，一反昨俞家宴客菜，為家常菜，余吃得極適。飯後同味經嫂、鄭怡至大華戲園聽申曲排演之血濺大禮堂，係該園招待，遇鈕長耀夫婦、徐炎之、朱斆春夫人，成椿為付茶資。歸浴，小袁為洗背，天熱赤身流汗。徐東明、銘父子至鄭家囑參加宴會，同羅大固、江一平疏解房子事，余謝不往。

6月2日　晴

院會，余到中華書局三次，第一次取利湊足二千送中本，二次送酒與周、吳、二孫，三還吳縣一瞥，伍百元印刷費不彀，余出二百元。十時總統府國民月會，葉公超報告換俘八條之不能上當，黃少穀報告雞鴨羽毛及豬棕奉命節約，及舉辦公務員健身操各節。十一時一刻余飲胡立吳以酒，立吳足病又發，尋余不到，出，至中本飲張百成以酒。回寓，羅大固來約同江一平飯，余謝之，邵介堃夫婦約星期日午飲，孫仁攜子來，已會爬行，向前爬闌干向上。在寓飯，飯後朱鍾祺來送利一萬二千元，普減一分，余六千改至四分，鍾鑑三千改為六分，佩尹減為七分，鍾祺不願為永安常駐監察云。三時往立法院坐，坐至四時方繼續開會，余寫延會下午作寫給于汝洲，女人而貌似烈士吳樾者：

笑語人三五，一堂五六堆，
高功（指院長道士）獨自坐，鼓板不曾催；
百日期還展，四時會不開，
三牲扶不起，何以示方來。

五時返寓，錄金瓶梅曲未成，六時至鄭家飯，得德欣照片四幀，今日德欣初剃頭。夜飯後至錢家，與李、秦、錢打十六圈，曾吃鳳梨，十二時三輪回。出門遇雨點，至新聞處前知雨甚大，寓中修地板油漆。今日送配給者祇送油、鹽，余向之索米，說回去取來，一去不返。

6月3日　晴，陣雨

晨黃曰昉來，伊再有二月當分娩，頗愛小兒。余入財政委員會議兩案，十一時到中本取存單，見張百成女習法律者。百成語我將娶黃女，余勸以不必，百成終將娶之。遇趙耀東，有意延鄭澈入中本，余至鄭家說起。歸寓飯，飯後略睡，鈔曲二首回，目前之古詩亦佳。余至瞿梅蔭休息，遇雨不能，陪伊往杜家方脈。夜飯時陸孟益來，同食鰲魚，夜飯後郁太太（新疆人）、孟益及嘉猷夫婦抹牌八圈。焦立雲來寓探望，伊住氣象局側，雖不作工，身體並無進步。

6月4日 晴

侯佩尹來啜粥，丁溶清來，復同赴三六九湯包，極無味。自今日起，業務會議改於星期四上午舉行。今日討論交代條例及大陸關係介紹，雖僅兩案，亦討論一時餘。余於散會後至紀律委員會閱孫哲生藏書，鄭振鐸、魯迅所印中國板畫大觀六函，略有重複，以詩餘畫頁，金瓶梅、琵琶記、南柯夢、牡丹亭、陳老蓮、水滸葉子、十竹齋小品為佳。金瓶梅崇禎刊本，以瓶兒出殯、孟玉樓家搶物搬、家宴、開紬緞鋪會、卜彩等為題材，為新安名手黃應祖（即黃啟山）所作。又有黃氏一家集兩冊，係新安虬村黃氏黃奇、黃德升、黃鎬、黃應組、應孝、應瑞、應光、伯符、一彬、一鳳等所作，又見角觝圖，係戴獸面二人格拒及明代鄭和下西洋各圖。十二時張壽賢送余回，飯時食甕菜甚美。邵家堃約十四端四飯，沈映冬來約星期日奇巖午飯，王介民約星期六中午吃洪蘭友不取款飯，酬應稠疊，余以為苦。余於三時之後攜麵粉一袋，分給郁、陳、晏、李四家，陪梅蔭請杜逢一看病，吃冰凍鹽水豆腐及醬菜，松江味甚好。飯前後打小牌十二圈，回浴，知陳家、石家與蕭素芬以下午四時來。

6月5日 晴雨兼現

晨劉孟儷夫人□彥陶來，謂周賢頌赴日本之前又升孟儷對坐之臨時人員為一百六，孟衢情不能堪，求他處做事，幾夜不能成寐，余安慰之。粥時丁淑貞來，丁去陳石泉來，謂新竹住屋租與美軍，月六十美金，先付六個月。石泉擬遷七張，搆一堅固樸素之住房，余託伊多建一間。石泉送余至立法院，余領錢後往玉樓東晤彭長貴，定明日中午翅鴿席。歸院，為莫淡雲改壽朱點母詩。院會，仲政治研究員肇湘為考試法規自陽明山歸寧候說明，謂惟趙家焯有意見，將案子延長兩天，若施用否決權者然。余語之曰今日趙允不發言。蓋趙邀余發言，趙主銓定而中央黨部通告考試從寬。次又討論本日下午堡壘廳茶會，招待美國參議員狄克遜、麥紐遜二先生事。休息後，韓同回余寓借馬褂，韓修密教，謂本宮廷所修諾那謂將來設象困難，乃推廣密宗於大眾，歡喜佛係本人之化身，雙體是本人化身，不執持修道乃成非，入於淫惡也。韓去，湯文輝率新婦來，請余蓋章於證婚書上，前日已在法院公證結婚，所以又教余作證者，證明原籍無妻而已。瞿梅蔭來取格子紡，同入中心診所西餐，西菜不佳，炳先不肯收費，余飲黑白三盃。歸臥，梁慧義來給以二百元。梁係天主教世家，其家住姚主教路，其姑母行為修道女者三人，男修道員褲帶有刺，苦修抑欲，自打褲鞭。梁去，余至莫淡雲寓改詩，出晤蘭伯，為有黃強君為北投聯勤第一醫院瘋科主任，主強迫治療。出，過顧儉德寓前晤叔言，顧夫人今晨又得一子，余入賀，無主人在家。入朱鍾祺寓，閱周君亮、王馬虎小人物傳記。飯後歸，於公共汽車晤周湘喬，云日本筆捲心風潮一至四號均好，寫朱函請東京朱葆初訪購。

6月6日　晴

晨食粥後，赴立法院堡壘廳聽政府出售五公司預算，坐至十一時返。王介民等來，洪蘭友來而即去。午，十三人吃彭長貴翅席，以紅燒排翅及清湯水魚為佳，余食至組庵豆腐，至佩尹處休息。三時代志希出席工作會夏令講習會，原二十萬擬加五萬，余主仍為二十萬，以免省庫追加。徐柏園又報告電影票普加一角，謂有四筆捐款即算已經核准，余謂必須論定與核准。五時半至三陽春參加章靜慧嫁吳靜蓀，蓀肥胖。余略作來賓演說，余初識阿妹於成都文廟西街趙鐵橋嫂家，勝利後鐵橋嫂到南京住余國府後街，趙銀梅在余寓出嫁，阿妹隨華美徐□華女士來台，玆得出嫁。三陽春滿樓酒席，余欲拼盤時食飯兩碗，即行前樓胡希汾等餞同學赴國外。希汾語我中央日報陳訓畬又將更迭，陳於第一回合勝利，發表了未公開部分，英女皇加冕等登消息較多，中央日報正太多事。余至錢家，車上遇葉澄忠族人娶台灣女者，聽余論有錢未必是福。錢家一桌麻將，余閱逖先英文論台灣經濟與某西人書。歸寓，牛大哥存善來云費緜卿同學逝世，費君吳縣人，死於氣臌，喪費及家屬贍養及無需，僅求余明日十時到殯儀館為之治喪。同學會輓云：

同堂端士珍前席，
復校精靈結九原。

余又輓之云：

瓠腹何憂，心史鉤沈撐五內；
直言無隱，仇書纖屑告諸天。

6月7日 雨

昨夜候颱風未來，今晨若颱風尾然。晨起寫輓聯，丘威震、曹瑞森來助。十時赴殯儀館，弔吳縣同學費繇欽（名國瑞），牛存善為之治喪。十時至李向采寓，講中央信託局不平氣事，孫秀武正擬赴方肇岳住處。十二時在陳家猷吃麵疙瘩，陳夫婦另為余治飯。飯後同梅蔭至漳州街三巷訪孫伯顏、孫再壬，再壬夫人陸氏新自香港到台，攜有呂宋芒果，味極佳。再壬子為警察毆打，政治專修科同學動公憤簽名交涉。三時回記者之家常熟同鄉會，余略講茶敘之簡單，不必要每期人多。四時參加崑曲同期，在台糖三樓，商定壺碟會分擔辦法，唱曲時天大雨。余請汪經昌、俞良濟玉樓東酒敘，鮑魚鱔魚火腿湯佳，徐炎之夫人暨良濟夫人亦來吃。吃畢至俞家打八圈，天寒若秋夜，聯莊廢時。歸寓門閉，李芳華為開門。王鴻磐語我朱了洲師已自東京返，尋不到展大古法帖。

6月8日 雨

晨丁溶清來，黃曰昉來，曰昉出示當票，向余貸款往贖，余允其節前為之設法。入實踐堂紀念周聽崔書琴理論研究，謂三民主義應有正確解釋，不可說某某主義為某某主義之理想，某某為實行，又不可說新民生主義已包括在三民主義之內，又不可拘牽文義，大節目無所辯明，黨八股陳陳相因。會散，余與馬星樵講自由中國勞工同盟事，馬云初起陸君年輕，所做不盡合宜，余後為簽呈總裁，今依派別而打擊陸，亦非是如海員公會之打擊余，今歸交通部，黨一無所有。余同張壽賢入中心診所，迎李君佩先生出院歸浦城街，葉寔之、祝兼生均在。李先生一足鋸去已合皮，而關節仍痛，用擔架抬上車，雙眉愁瑣，仍有痛苦，但已幸得生存。葉寔之送余歸飯，飯後臥，孫仁、俞士英均來槌余體。三時坐悶，攜洋酒、格子紡、鹹蛋至梅蔭處，鹹蛋係徐銘自陳芙生處取來，黃已黑而不鹹，余請梅再放入滷甕。出，至俞良濟處取傘，良濟請朱虛白、李崇年夫婦陪余打十六圈，余及虛白勝。俞士英住靠近和平西路之廈門街，有兩間門，士英招學生補習英算，約可收入三百元。俞良濟家燒菜係計小姐。

6月9日　晴，下午陣雨

晨啜粥，韓同來還馬褂，余已入立法院，今日討論台灣省境內菸酒專賣條例。十一時至中華書局得吳縣一瞥，印刷帳七百元之外再需五十餘元，為會計是黨部所派，說一是一，不能讓去零頭。余又同孟益談永安倒帳，伊謂過楫人不肯即了之非計。自中正路回，購豬牌蚊香之斷頭，又購香爐一個。歸寓飯，飯後臥，出門遇大雨若颱風雨然，余衣履盡濕。道藩等見之以為何不坐車，余答曰譬如做了一回三輪車夫。五時離坐至梅蔭處，梅為熨衣，商明晚小菜。出尋錢冬姐不得，到鄭家飯，以茄絲燒鹹黃魚為美。飯後聽林在明華英藥房改華美之賺錢方法，初為咖啡因，抗日時為糖漿，至於台灣吃進貨物概以現款，扣準別家進貨本錢殺價，但售出亦不超越市價，無利即云此藥本號缺貨，實則人家之貨均全被吃進，此蓋有實力之壟斷辦法。余坐至八點鐘，鄭明方歸，歸即視子，子食奶粉後正酣睡也。今晨鄭澈去回趙耀東，辭中本織呢廠工程師不往，因漆號挽之甚殷。朱歐生新入漆號為司財務，亦願澈不離開。澈本月推廣雄獅牌漆可六十萬，四十萬可無問題，又有新漆三種在試驗中。林德欣額有長白毛一根，長約八分，又唇邊有小醬油斑。

6月10日 晴

晨錢馨斯持為余補綻之夾衫來尋，余已啜粥，同入一廣東館吃牛肉粥、雞包，遇李樸生為余付帳。余欲為錢購醃黃魚，入西門菜場，濕滑難走，令馨斯自往購黃魚。入立法院參觀朱珊畫展，語伊題字寫得太大，大幅宜畫得較繁，非小幅之放大。朱畫濕筆，陳定山云可自學戴醇士而升入沈石田。出至立法院一轉，無審查會，乃上中和鄉車，時間適合。至黃仲翔家，黃嫂縮竈後洗衣，仲翔入城，嫂紅眼流疵，口云狼狽，近無下女，仲翔執炊事已四日，余問節前何需。出見美人蕉滿庭，口占一絕句：

淹久僅存口體謀，清門來詢節前煩，
劬勞成病虛房靜，又是芭蕉紅滿園。

走中和路至溪洲，乘五路回交通處，邀飯未允。贈侯家源吳縣一瞥。謝壽康來訪未晤，留字云茲有兩事奉托，一遠一近也者，明日午後再來面懇。下午暢臥，艾森豪威爾歐州十字軍三章。四時至梅蔭處，方同郁太太做包子，豆沙豬油、肉及素餡三種。何仲簫譚義烏、浦城、東陽、金華皆產火腿，人家自己有火腿缸，或寄存別家之火腿缸，其佳者集於杭州，又講農行董事陳延祚不知何往。夜晚饅頭外六盆一湯，吃赤豆粥，粥後余、仲簫走中山北路納涼，郁君移椅門前。余入中山堂觀話劇劫後佳人，係自由中國勝利劇團公宴，黃曼飾孫四姑娘，導演羅萍飾魏大媽，雷鳴飾何禿子較佳，對話嫌多，情節平常，與中華演者不相上下。今日晚會主要是送從軍人員入營，周宏濤為三英雄披紅，十一時歸浴。得立法委員黨部會期再延十日特別預算一案，黨政關係會議結論：（一）行政院補出售歲出預算，送立法院審議；

（二）保息及輔導民營辦法由行政院主管同志妥擬辦法，報會核備；（三）出售水泥、紙業、肥料等公司估價數額照行政院原案通過；（四）仍照原計畫全部出售補償地價後，如有餘額，由行政院依照公營事業之移轉條例之規定處理。

6月11日　晴，夜雨

晨起甚倦，修鬍髭疏疏似先祖少山公，齒落已多，兩輔微凹，雙脥流瀺，亦似先祖。所滋愧者，父、祖兩代德行昭垂，而天不假壽，兩世皆五十七棄養，不見孫枝。余二子滄、溟與余隔絕，初時均在北平，嗣傳溟在皖北，不知近日何狀。晨至中央黨部業務會報，路過中華路冷攤，得昭代名人尺櫝九冊，皆贋所愛者。十一時歸寓，閱歐洲十字軍，飯後即至梅蔭處補充，再進一盂。上樓將中睡，而俞、顧、晏三太太來，同打小牌。中間余曾至立法院領款，雷家辭飯，晤殷國珍，回陳寓飯，飯後再打四圈。天悶熱，牌盡而雨，余送俞太太至汽車西站歸木柵。

6月12日　雨

晨丁淑貞來約星期日同赴邵家飯。余入立法院院會，知陸京士之子訂婚，送來糖與蜜糕，余至殯儀館拜張導民母夏喪，禮堂前雨水淹沒。立法院決延會十日，余早退後無聊，至朱鍾祺及啟明、中華兩書局小坐，在中華食拌麵兩碗皆不佳。繞西門町至沈德仁寓，回寓坐車至台北賓館總裁宴評議委員。總裁問韓國有何消息，葉公超答韓議會盛傳中日軍事同盟，總裁云美國人不知東方人越壓迫越堅持正義，卅五年曾逼我和共，斷絕軍事援助，余置之不理，此意無人會向美國人開說。王寵惠云停戰已告斷落，今後民主國家如何聯合在一起，似應研究。張曉峯又報告黨員總檢查成果。散席，余至中央黨部，又至俞良濟家商蝴蝶會。歸而代志希出席工作會議，日本黨務經費美金一萬三千元之指撥，及幹部分子選拔與儲備實施辦法，討論甚久。六時散會，余至淩同甫家，同莊尚嚴、黃振玉夫婦、郎靜山飯，飯前後打小牌二將，余負。十時歸，接陸京士陳明自由中國勞工同盟種種，又得洪叔言信約今晚留精神病醫師黃強飯，請余同錦帆一同前往商醫治施文耀方法，余得息已遲，不克前往。台中黨史會送來鄉下庫房所生荔支，味尚佳。接金秉全書，王延齡在港失業，其父在沙頭，因生活困難投河自殺。

6月13日　晴，偶雨

晨至立法院討論出售五公司，余主全部出售，勿加保留四十六票，贊成保留者二十六票，余乃回寓。黃曰昉來取二百元，丁淑貞來食糉，曹瑞森來為余送食物與鄭明。唐文和來送菉豆糕，約下星期四飯。朱鍾祺來述為永安常駐監察之不宜，羅大固來購房款公斷涉及徐祖詒各情。侯佩尹上、下午皆來，伊為余尋謝壽康問何需，亦未晤。余候莊慕陵、黃振玉不至，開周宏濤所贈酒號為五星白蘭地者至梅龍鎮食之，乃一無佳味，三盃下肚一些應響也，無乃假酒也，菜亦不佳。飯後在中山堂衡陽路一游，乃返立法院橋牌，到寧園與賽，陳次仲等皆至。余略閱日本人所寫法文小說。節近端午，念姊成疢。

6月14日　晴，下午三時半雨

晨丁淑貞來食糉及粥，同赴迪化街購蝦米，每觔自十八元漲至三十一元。乘新店烏來車，自樟腦寮下，贈李志伊嫂蝦米及荳豆糕，病瘦支離，自云已經判決，其長子李家祜亦以病風濕未起床，次子眼睛施用過度，一女家瓊送余路口。資源委員會造疏散活動房無數，空閒不用，李家不得借一廛，李家蓋草屋，加草化五百圓，支屋使不坍尚不在內，余睹狀慘然。出，經輕便台車軌道，又有人造大屋。過大佛寺，至包家報到。過懸橋，橋欄懸旗，今日賽船，碧亭懸一長條云「誰是操舟能手，誰是水上英雄」。余過碧潭小店，贈陳芙生蝦米，芙生以臭蛋見答。余入羅大固家，其夫人述卓衡之自上海運來「妲姬」韓鳳姣之妖淫害人，衡之已無力上坡，妲又姘人姓舒名適存，舒婦又置年輕面首同跳日月潭，姬弟又與同居，某壞人相打，邵華為之調處。大固在船上又述妲所姘皆不吉，而衡之煙吸煙販，終必失敗。余於船上觀賽，見夏煥新為評判員於靠陰山碧觀，丁淑貞弄水。回包家飯，芙生子來送蛋，羅大固、徐東明、徐銘來譚公斷十二萬八千一事。邵介堃所煮香鈴兒、蒸鯁魚、雞燉羹、鴨、考夫均佳，余謂可開星六飯店。二時歸，徐父子相送。余等至侯佩尹寓，佩尹煮綠茶，天忽大雨，佩尹背古詩，述離桂林經過，煮麥片款待，又送回車。余至陳瞿梅蔭處，又食一糉。回寓，寓中酒氣薰人，舞樂繞耳，雜以大笑聲時作，民航隊中正在尋樂，益較前喧雜。得石泉書，囑催鐵老向俞主席敦促，約余明日游新竹。又得孫仁書，催為覓就。秀峰遣戰鬥青年社主編王宇清來索革命掌故，足使青年興起之文稿。

6月15日　晴，陰曆端五

晨至陸孟益處以支票易現款，並託周君向公賣局購煙酒。入實踐堂任紀念周主席，程天放報告菲律濱博覽會經過，無物品損失。回寓易衣，即至車站，盛松如為余換票，排位上汽油車，人頗擠，至中壢後始較鬆。車上聞許聞淵父所著詩，余吟成二首。

癸巳五日赴新竹二首

前度秋方半，今來五正端，
禾苗隨水綠，雲態得山安；
舊侶葵旗落，新憂榴火攢，
兩臨州治裡，節物總愁看。

二子悲同陷，弄來假女孫，
有情隨處著，無意得稱尊；
磨厲驅邪劍，剷除怯弱根，
莫輕談霸業，盟戰迭寒溫。

十二時三十分抵新竹，至陳石泉家，朱世楷候飯。飯後臥金嫂床，起身談戴令奐際遇、王筠碧奮鬥各節。同石泉參觀西門小學，人字形房，以一班為一里，有吳鳳里、英士里、中山里、中正里等，操場極大，而所植樹皆不活。嗣又穿西門街參觀新竹師範模範小學，二層房校舍，樹皆長成，校長高係郝更生之妻，遇於門。新造運動場為室內籃球及繩運動之用，舊雨中操場兼作禮堂，穿樓下教室入幼稚室三間，前後頗多壁貼。出校門，走西門街觀提線戲。歸陳寓，項蓉抱朱家似來，詩中所謂假女孫是也，額衝出，大圓眼珠，白膚，蓉整束之清潔。夜飯有火腿湯、鹹魚燒肉、肉圓線粉，余吃得甚好。飯後朱夫婦抱女歸，余同石泉走市街，極累，卜振海來訪，余浴後睡。

6月16日　晴

晨五時半起，跳窗為石泉夫婦覺，起送余至車站。卜振海為購票，上高雄開來之夜快車，得座假寐，未上車前在對站啜粥一盂，有鹹蛋。既上車，觀雲彩天空，路空樹間，倏而吟成五律一首，忽又忘之，不足記也。卜君來譚台灣人恨官樣文章手續繁，又恨空頭支票不實惠，有恨政府者。卜君為農林公司新竹經銷員，農林公司經銷美援物資麵粉有利可圖，而其他配銷物如鳳梨等要貼本，譚至台北。余自後車站回寓，以奚志全所送蛋糕、菉豆糕加胡光炳所送來亨蛋送王剛森母，購茶葉、香腸送錢探斗。配手錶皮帶來路貨，索六十五圓，昨日朱世楷在新竹問祇需四十圓，嫌貴。拜李應生周年，得哀輓錄，立法院討論酒母醪，王廣慶研究小學指古義以解，而公賣局旨在網利，釋酒母與醪為二醪，為半製品，結果刪去醪字。中午秦啟文出酒款黃君，余飲一盃。司重三君為余在立法院尋得摺扇，侯佩尹來云扇不搖則入衣袋，毋東棄西置則不失。接戴恩沚來信，北投講習會結業後往台中、嘉義參觀已回，高雄王經理給配房尚合用，離車站不遠，哥哥處已去過夜。恩沼來尋未晤，夜明晨再來。下午熟睡，四時再至立法院討論罰則。五時至陳瞿梅蔭處食冰芒果兩枚、甜鹹粿二枚，攜陳芙生所贈梅為煮熟之蛋至鄭家飯，鹹黃魚、燒毛豆，不及燒茄子遠甚。夜飯後臥鄭明床，念家傷姊慕父久之，蓋端午前後至為不樂也。歸寓觀運用美援物資之電影，關於鐵路、橋工、水利、修堤、肥料、選種、除蟲、衛生等片，破落戶無一不需人助，而國力薄弱不能自起振奮，直將老是求助，真可恥也。今日為交通大學校慶，不知交通同學看法如何。

6 月 17 日　晴　陰曆五月初七日，先君生日

自前數日起余即慘痛，晨起吟成一律：

五月逢初七，先君降此辰，
未申風樹養，痛極露孤身；
革命興新國，從亡急輔仁，
所冀滄溟合，孝友一家純。

余念為紀念先君所經營之教育事業，原希望逐漸擴充，至民國四十五年而已發展像樣，孰意三十七年竟不能留在大陸，將根基拔除。先君為地方興學之苦心不復稍留跡象，而余受師範教育，願改革社會自教育事業而擴展到經濟事業，使地方進步，民眾安樂，一以申余之素志，二以領導建設，三以贖為余存在而所生之罪惡，今忽一旦無有，此余於失怙、失恃之外椎心之痛也。

余計畫璜涇自瓦雀浜後泥港一線為教育區，設東、西、中三小學、兩稚幼園、普通中學、職業中學、圖書館、民眾教育館，附以校長及教員宿舍。河北街拆改為大市街，沿蕩茜涇兩岸之小房悉數拆除，濬蕩茜涇若趙氏建橋時，河面沿陳大港及龍池，成四條自南至北之市街，停車場設於東嶽廟，自嶽廟下關帝廟為通衢公園，列祖師堂前及衢之東運動場在公園中，電力自常熟來，工業區設市西北，凡土壤不宜種植之田設廠，宜改良者沃以肥料。醫院設住宅區內外，道院仍留南北二院僧舍，擴彌陀寺及普同塔院。自蕩茜、錢涇皆濬深，建海市，自海市至鄰鎮皆通汽車。自來水廠設湘里涇，商業以土製品為基礎，土製品以農業副產為主，電影院、戲園設於市中心。集私人之建設基金立生產事業，以生產所得為建設事業，以其所生產之公股紅利辦教育。

下午三時至茂康尋徐祖武，祖武為尋章慎言。余至朱歐生及姚家後，至永康街口尋洪亦淵及其子女。七時在瀟湘餐廳飯，遇謝同志，余等飲私酒一瓶，食配菜 150 元，以炒粉為佳。飯後步至公園路，坐車返寓。本日未往小組會議飯。

6月18日　晴

晨擎華來，同出步行至中央黨部。業務會議改在第二會議室，商譚房租津貼錢尚未發，定原則後尚有例外，有住處者又得津貼，幾家歡樂幾家愁，物價已漲二百元，不能解決房子困難。余主慎重，如因糾紛而生怨望，不如停止不辦也。十一時會散，余至陳炳源家與憲英、擎華談天，云慧齡有遺腹子。炳源回來煮菜，同飯，飯後臥至二時許。同憲英同車至立法院，聽票據准信用合作社之票據入票據交換所內，財、法各部及銀行公會代表之報告台灣信用合作社有六十餘家，都准了亦嫌太多。五時後至雷家，聽七娘娘訴殷國華之可惡狀，飲酒二盃、食飯三碗即歸寓。至建國北路錢探斗家，知昨晚警察來捉賭，聞叩門聲，藕兮曰誰也，答曰警察，探斗出與之語，內乃收拾牌桌，秦啟文、李景蘧、巴一希自後門出，倉皇拔門閂不開。警察見牌問曰何以有牌也，探曰誰家而無牌者。警出，皮鞋為藕兮放入木箱內，蓋藕慮鞋多為客多之證，乃收拾之，不意連警察鞋入箱。探斗笑曰賭未捉到，而尊鞋乃為小偷所算。警曰未必，恐府上人藏之耳，局中聽報告云二十號有牌，余二人奉差遣了此公案，苟有意捉賭，跳牆入室，不臨門自云警察也。余聞述大笑。探斗夫婦出訪陶益珊，余至陳伯稼仲經家與劉蘅靜談天，蘅母係稼、經舅母。出，遇監察委員會神經工友，送余至橋。余入李向采家小坐，乃回寓，秦啟文方休於草坪，談昨夜事大笑。本日忘應唐文和招。

6月19日　晴，炎熱

晨佩尹來同粥，幸有鹹蛋佐餐。入立法院托時兆培繳戶稅，余怕下月忘繳，以先繳為是。見立法院四樓東西曬，人桌迫擠，雖健康人亦不能運思，何能寫字。余於會場向潘志熙言之久久，延會職員苦之。院會討論菸酒公賣，院長十分用力，方能表決一案，多數人尚持大體，亦有人心不在焉。十二時至中華書局，商蘇松太月會通知及紀念牋印刷。回寓略閱大陸雜誌，毛同文來借去紅樓夢與我們的家庭，伊已得外交部護照，今晨往美領事館打聽簽證，美領謂子女有一入美國籍則歡迎前往，否則子女游學畢業當回，不必前往探親。毛去余始飯，飯後睡至二時，赴中央黨部代出席工作會議。志希電話來，為國父紀念館造史料陳列廳，須拆去青年戰鬥一屋角，該社請補助初為六千元，嗣為一萬元，周洪濤說不成問題，而財委會則擬批自行籌措。余商徐柏園、胡希汾求撥予，結果因俞鴻鈞已批定，須再商俞取決。回寓，同錦姪至洪家，向黃強醫師述施文耀病狀，黃君詢家世及幼年狀況甚詳。余先歸，至三陽春賀林潤澤壽，林君中愛國獎券一千元獎，請客兩桌。余至徐炎之家，炎之夫人吐血兩口，臥病打針。余與炎之、蔣作民、朱佩華商壺碟會事，聽李太太及方英達唱定情、絮閣，炎之說明好腔唱法徐、捷、豁、搶，甚足增色。十時乃回，濮小姐陪洋人飲酒面紅，余憐之。中午春星與夫來，譚世安將病神經，萬墨瑛另有所歡，世安受經濟、政治、家庭壓迫，極可慮。

6月20日　晴

晨啜粥，出遇劉象山，同上玉樓東，彭長貴請吃炒粉兼備冷碟，出小瓶高粱，余不飲早酒，止之。余與長貴商定湯飯，余至中央黨部圖書館，尋關於曲子書籍，蘇德用為尋檢，並向陽明山書庫取書。余問張壽賢借板畫，內中頗有名手所繪傳奇情景，惜已還了。壽賢同余至大有戲園後王啟江寓樓，自後門上樓，完全上海弄堂房子造法，王孝華侍，病人房東西曬，晨西室而下午東室，譚日本醫所發明牛腦下垂體上葉、中葉、下葉移殖於人體，可以回青與美容，日本女子多往求手術，台中亦有人種此，偶或化膿，蓋尚未精進，再過數年必更有進步。十一時半返，未往立法院開審查會。飯後臥，徐勗繩來貸款。二時後丁淑貞來，愛樓窗風涼，同至白熊食芒果冰淇淋，乃至侯佩尹處納涼飲茶。五時後過動物園後公園納涼，同往河邊，車過入青年會餐廳，佩尹為購煮花生，落後青年會例不供酒，十五元一客，吃得極飽，劉象山約而未來。散開後，余至梅蔭處清坐，樓窗門頗有風，梅坐低凳，余喜謂若丫頭之陪小姐，梅約往街上散步未成。九時許乃回中央黨部，送來董康曲海總目、六十種曲、納書楹、奢摩他室曲叢，余讀霜厓先生題跋數段，頗悼惜先生不永年，工作乃未竟也。

6月21日 晴

晨侯佩尹來，訝曲子書之多。余閱沈璟報恩緣，一娶三女名曰鼎圓，白猿竊天書遭磔，賴遇文曲星得免，說白用蘇州話，活潑之至。飯時同秦啟文及另一空軍飲高粱酒，余不敢多飲。飯後未午睡，溧陽宗人癸芳夫婦偕其表弟來譚，住建國北路後，得薪甚少，尚能過活，夫人唐氏極勤。三時左右，馬蔚青、陳永福先到，永福自丁一為主人之一次同期在寧園中風，今日能上樓觀曲集，在報上得消息來者亦四、五人。徐夫人病吐血，有寒熱，不能起床，未來。曲友皆攜榼，至者約四十家，褚仲嫣攜冰淇淋至。余同汪經昌、郁元英樓上譚曲，伊推崇王季烈先生，謂瞿安先生亦向之請教，余三人未吃到冰淇淋，唱酒樓、彈詞、賜福、定情等曲。六時草坪陽退，集籐椅圍長方形，余同周雞晨、俞良濟、張敬之先飲酒。六時半會餐，每人持盆取菜，余供炒飯及腰片湯，惜蒼蠅來集，盒子會夏天不宜。今日菜多飯多，吃者滿意，飯後吃荔枝，又唱絮閣等折，至九時始散。張穀年繪一雅集圖，留空白極多，要余題字，郁元英吟詩一首。晨李翊民兄來催編居先生遺稿。余給雷陸望之以筆墨並貸以金，望之辭別云滿載而歸。方英達最後離去。

6月22日　晴

晨張壽賢來，候往實踐堂簽名後即發陽明山。入吳先生寓，先生方合眼，近又不肯插皮管，既不通則用銅管，插出血來。醫來則罵尿急，則求常貯膀胱約二百 cc，曾放一次至四百 cc。余同馮元賽及儲福興談一回乃出，至陽明山，入圖書館閱孫哲生補不足齋藏書之插於架上者，未開箱之書尚不少，山上潮濕保管為難。紀念周總裁命讀大學之道上下篇，為廬山訓練時向軍官講者，講數句即散，留時間訓立法委員，余未參加。壽賢講星六常會開至晚上九時，鹽加一元四角，肥料公司股票亦出售，列在第三。汪漁洋問萬一不通過又如何，總裁大怒，又講了我自有辦法處置等語。現黨政關係會議張岳軍並不出席，而常會時常務委員到者六人，張其昀謂常務有被立法委員說服不支持黨的決議者，常會時總裁主席，常務委員不能盡其詞，而所討論題目較大，不著不靠於實際黨務，余聞之極憂。回車至郁家飯，並食陳太太麵，麵後至侯佩尹處晝寢，飲鐵觀音茶。五時至鄭味經家，味經云省級機關貪汙利害，飯後至洪叔言家，云施文耀請黃強診治從緩，蘭伯謂病者往往不欲診，宜加強迫，余謂天天要打針、吃藥，不好強迫。出，至俞良濟家檢討壺碟會夏天不宜，分派宜均，盞碟需有蓋子，吃宜分組，先吃者少取等節目。在俞家打牌八圈，十二時方回，閱揚州夢傳奇，杜牧之風流不易及，無錫嵇永仁（留山）撰（嵇與范承謨同死耿精忠之難），吳瞿安評云所譜曲雖於聲律未能深造，不免舛律脫訛，但結構匀稱，靜喧得宜，詞又都雅可誦，同時作家惟徐又陵、尤西堂差足頡頏。

6月23日　晴熱

晨祝兼生來電話，告李君佩先生昨夜十一時卒於浦城街寓所，自本月八日出中心診所歸寓，消化不良發痢疾，而心臟衰弱，臨卒吐血水數口，胃潰瘍兼飲食不慎，遂不起。余至殯儀館哭之，先生堅持黨義，自為硬漢，無所畏懼，而接人以溫，一朝逝世，黨中無人替代。余作輓聯云：

黨性極堅強，嶙峋風骨，幾番至計匡時，
餘事樂行吟，示我小詞初稿；
耆年自弘毅，和緩霜刀，曾喜斯人留住，
經旬忽展奠，哭公表海忠魂。

聯經楊佛士、陶希聖修正，夏老農云真有獨到處，但余總嫌不知內容者莫名其妙也。本黨及黨外人皆來探喪，廣東同鄉結隊來弔，鄰堂有師範生淹死水源地。子壯二女來弔，余約星期四晚請青年會西餐。胡健中語我中央日報社論及新聞登載事，恭介第一回合的勝利發表了兩段已經刪節之文章，評東德暴動謂係共黨指使，與新聞不一，致英女王依利沙白二世加冕新聞登了太多，陳訓畬求去，社論委員會作社論不易切合新聞，主筆不敢下筆種種困難。十一時半余腹饑，至梅蔭處求飯。飯後臥至二時，至殯儀館支賓，程天放、連振東來拜。三時入立法院院會，黃國書主席，喬一凡正發社會教育高論。會場人少，惟無異議可以通過條文，一有異議不能表決，主席更易議題以免冷場，蓋幾乎唱不成戲。五時歸閱揚州夢，六時攜酒與鄭味經夫婦小飲，林在明買回臭豆腐干。飯後至雷家辭，今後六星期不往飯。至中央黨部圖書館參與治喪會，晤白健生、余漢謀、陸匡文、何雪竹等，眾推余作請政府褒揚李文範文。回寓洗浴，天極炎熱。

6月24日　晴

晨起草請總統府褒揚文，客錢馨斯、朱育參、丁溶清、蔣漢、俞良濟、趙叔誠、侯佩尹、祝兼生、林克中皆來亂余文思。十二時劉和生來取稿，免強交出，頗為愧怍，不能恰意也。下午寫輓聯，攜往殯儀館，懸於門。入陳家偃臥納涼，觀梅蔭為余製小褂。進涼麵後飲酒，酒後飯，飯後入殯儀館觀林克中為孤女葆貞寫靈前對，即歸寓觀美國影片鋼之生產及藥物 Cort's 之功效。天熱，余閱文星榜傳奇、鼎圓與報恩緣，同可厭。半夜天熱起洗浴，再閱文星榜久之，乃闔眼。

6月25日　晴

李君佩大殮，八時往視遺體，青黑色頹癟，弔者皆戚容黑領結，李欽甫、余漢謀、陸匡文等皆在，賞余輓聯，張曉峰囑撰文宣揚李先生人品。余參與治喪祭及中央會祭兩次，總裁來主祭，棺上加蓋黨旗，外傳是黨葬也，余意國葬、黨葬兩詞皆不吉。祭畢余至立法院，聽緩出售肥料公司報告。十一時一刻參與出殯行列，陳誠、朱家驊、姚大海、劉文島、譚惠泉、賴特才、陳海澄、謝瀛洲、張其昀皆送至火葬場，赤傘當空，碎石灼地，諸人皆竭誠致敬。余搭黃少谷車歸寓飯，今晨得暢大便，連日略食肉，油潤大腸之效，老者衣帛食肉，其效在此。飯後臥閱傳奇伏虎韜，頗為發笑。得劉大悲信，為擬購入可靠而利優之企業股票，囑余代借五千元，以便吃進，余無以應。下車在寓閱傳奇，未往立法院，聞將再延會兩日。五時半張壽賢駕車來，同往王子弦家飲酒，開雲南火腿一罐。六時半拉子弦夫婦及其姪女、孫女到青年會餐廳，壽賢二女一男、子壯二女，共十一人吃大菜，味尚可。八時半應王叔銘招觀大鵬劇，張正奎黑風帕，齊如山先生云丑淨合一，相當難唱。次季素貞搖錢樹，扮相身段臻美，武工亦佳。次徐露女起解，高低音均會運用，其母在座，余賀之。最後為三堂會審。余因壽賢連日忙碌，於十一時半返寓，陪秦啟文坐月，聽阿德入境結婚復離事笑笑，浴後乃睡。

6 月 26 日　晴

晨至立法院門閉，上樓尋審查會，財政無關，乃至中華書局與吳亮言商，裁不如式之毛邊紙，印紅格四行信紙。寫對聯與亮言，兼請汪季南閱之，稱善。余晨為杜月笙葬汐止撰題墓門，聯云：

雨雨風風，正首邱心事；
轟轟烈烈，傳游俠榮名。

季南以為允當。歸途又寫聯與張百成，請陳含光先生正之。此聯與輓李君佩聯皆與侯佩尹商定，兩合意則為通過，如曩年與葉楚傖商定文字之態，楚傖與余常各出一上聯或下聯，互換對之，以於短時間內湊成為妙偶，然亦有佳者。此次輓李下聯「幸喜此生留住」，陶希聖為改「殘生」，佩云殘生自稱之詞，稱李不但衰颯，且不見尊重，余改「斯人」，佩乃鼓掌。又佩堅以「不語清容」為晦，余改「經旬」兩句本為原意而未能表達，出前以商夏、楊二君，皆不理會，以為掛過就算，而佩尹獨持不可，後見余改「海角羈魂」為「表海忠魂」，亦必歎賞。輓聯以豁綻（飽滿意）為佳耳，輓杜聯「榮名」本游俠傳贊：「諺曰人貌榮名，豈有既乎」，司馬遷亦以稱郭解型之人，惟榮名為最妥，不能易也。

余於晨六時，曾因洪亦淵昨晚十時留字云張伯雍於昨晚究患腦溢血，送往鄭州路省立台北醫院第一病房 123 室，余乃往醫院視之。一人一室，一女看護為整治下體清潔，冰袋懸於額角，呼吸頗重。余後晤夏伯祥，謂昨夜飯後在竹林路徐復人家，伯雍中風，香煙墮地拾起，就有火一頭吸，隨即倒地不省人事。昨晚伯祥在醫院陪侍整夜。余於蘇松太同鄉月會報告病狀。

中午孫仁攜子，明日周歲，而母已與父離婚，余憐之。小孩已會如猴子爬地，向前搖樓上闌干，風窗作響，停一回又搖之，足見已能記憶，但安能知不得父養之痛耶。二時入記者之家，仁吃記者飯。三時蘇松太月會定五十客，而連小孩及唱滑稽之人來幫吃，尚餘七、八份，余包紮請羅大固帶歸。邱威震請光華同學施復昌講招商局當前之困難，施君云最需要為政府確定政策，單純執行某政策，總有方法完成任務，各種政策皆需執行，則不知所可。如登陸艇十艘，以營業言無所用，但大有關於軍事，如養閒員一千人以上，論人事正需整理，而起義英雄無處安插，則往招商局一送。次沈昌煥講時局，南韓國會傳與中國締軍事同盟，我政府未得公文，李承晚為我國飛機送往之總統，對我國並不甚好。美國休戰備戰，休戰有如球員之檸檬時間，休戰後可以支援各民主國家充實力反俄。東德之暴動足徵壓制之嚴不能有效，與經濟不如西德，食物困難。美國特務工作做得利害，蘇俄內部有問題，南韓釋反共俘，而共產黨仍簽字於停戰協定，足見共產黨力弱。次趙胖子邀徐笑亭、□□□來說滑稽，酬以兩百元，余出一百，姚志崇五十，諸人大笑而散。余以時已五時半，不往常會列席，李大超速港澳總支部不足之款，余亦怕發言。六時同俞成椿同車，成椿擬赴美國習社會福利，考取後需美金二千四百元，問余肯助否。余以不贊成往國外辭之，成椿則以生子女已畢，鈕長耀辦學不從政，此為抽身最好時間，以常情論亦可，但真體念國力艱難者不往國外也。余入朱鍾祺家飯，有蟹有百葉，飯後王豐谷方歸，潘君夫婦來，余與張葆良等大擺一回乃歸。

馮用（志強）與伍沃良（政府發言人辦公室編審）來訪未晤。志強留王撫五先生致伊書，並為寫橫幅墨跡為余向伊屢請，而志強已帶來一次，不余值而攜回者。錄其內容如下：

王先生三十七年七月離京，十一月十二日抵皖，住安慶大珠子巷一號，迄十一月。馮住上海虹口北四川路新鄉路四十五號。中有五月十四日一信寄南京峨嵋路十號之一中山大學駐京通詢處。

第一札　中山大學用牋三紙　五月十四日

云前月在京，備承護持，校中各事，亦承洽辦妥善，公私雙方均感荷無量。次為領旅費一千五百萬元，為國代大會已無款可領節一。弟在宅辦理亡室出殯安厝事件，烽煙不靖，亡者以入土為安，擬即覓墳地，祔同先父、先兄安葬也。弟任長中大將及三年，備承諸位友好相助，尤以先生及各位惠愛之校友維護為多，此心永誌弗忘。現因體力不支，家務又極繁窘，二小兒煥、晰近復因勞毀致疾，校事紛繁，實不能繼續擔任，已向教部呈請辭職矣，愛我如先生，不敢不以相告。伯超先生處請代問安，並代道在京時未能造謁之歉。

第二札　九月二十日

前奉來書，知聯、幅均已收到，拙劣不足觀也。數月以來，婾安養息，賤恙未見增劇。日內因事尚須赴京一行，交通極端困難，物質條件日見凋敝，可慨歎也。兄曾往台灣否，歷年備承□助，今復以舊任關係，貽累高賢，既感且愧。

第三札　十一月二十三日

相別未久，懷念殊殷，此次在今晤敘，並荷招款優渥，至慰且感。前聞兄言將於八日往滬，弟於七日離京，十二日抵皖，刻在宅仍力圖休養，因疲憊衰謝之餘，實有此需要也。兄刻想已在滬，何時往台灣為念。此時交通太不便利，京皖之間尤甚，若在正常狀況之時，弟必邀請兄台惠臨下里作旬日之勾留，亦朋友過從之樂事也，目前此願難償，只得俟之異日耳。伍先生晤時請代候，理女、晰兒附候。

用國立中山大學信封紙者□封，郵戳年份不明，發信地點為廣東石牌。

第四札　十月十四日

聯總分配本校機械器材，均由先生向部交涉，優予分配，希望由部運輸，不但減輕擔負，並可節省手續，先生能押運返校，更為妥善。又聞先生此次由京赴滬遺失一箱，徹兒同行，未能照顧周到，至為歉仄。公款損失實係因公，自無賠償之理，惟個人服御損失過多，現在物價高漲，補充更吃累不少耳。開課百忙，匆此頌安。

第五札　二月十五日

米價高漲，校中麻煩事件逐日發生。

用葉靜波充京中事務，望其將書籍藥品即運來校。

解決羅君經手之款，並指示辦示處所需款，由校正式領取或由部畫撥。

新會計主任即盼其早日來校。

弟三月間將須來京，請代定中央或其他飯店。

第六札　二月十五日

在渝聚敘，甚為欣慰，諸承襄助，更為感荷。來校之後，百端忙碌，致稽訊候為歉。頃葉子靜兄自醫院歸來，述及先生致彼之函，書已運港，極為感謝，藥之運輸當另想辦法，校中同人不知運輸困難，惟切盼有藥可用而已，並聞函面稱謂極為不妥，歉罪之至。弟南來之後，筆墨之間，深苦左右無人，子靜兄又患病，且住院多時，更覺忙繁急劇，函件來往，深愧未能檢察周到也，至祈諒宥為幸。二中全會，弟或將來渝參加，兼事述職。伯超先生同此問安。

第七札　四月二十日

在渝晤敘，兼承多方襄助，至慰至感。弟及小女於上星期三離渝，本日安全抵穗。

請馮志強往 Roxby 處抄錄 Type 英國或美國書目。

第八札　三十六年九月五日

校中在京滬待辦諸事，備承勞神處置，均極妥善，至為感謝。弟曾患熱病旬，日經葉少芙先生調治，近已告痊。茲有二事，請特煩促辦者：（一）此次部發建築及擴充改良費，本校奉令分配二十五億元，於八月內一次發給。刻下校中為修建教授住宅，急需付款，請訪詢賀師長，此款已否經由國庫撥發，如尚未撥發，請速轉催，或由部先墊發一部分，因此項住宅問題必須於開課前解決也；（二）聯總分配各大學工廠設備聞已抵滬在分配中，弟曾函請杭次長對於本校優予分配，因本校於抗戰時期所受損失過大，也請先生與陸鳳書先生協商，多方進行，俾本校多得補助。陸先生同此問安。

第九札　三十七年一月十二日

盼早日運到部配本校各種書籍、機械、儀器、物品。辦事處既不為部中通則所允許，則名義自當取消，惟房屋仍以租賃為宜。改派馮用為儀器組主任，二月一日起月薪照舊 370 元，懇惠允。十六日廣州各界游行，不幸有焚燬英領使館之事，此事發生在大部分學生散隊之後，中大學生撤退尤早，肇事分子之中不免有劫財暴徒攙入也。多事之秋，所見聞閱歷者皆為拂意之事，可嘆、可嘆。寒假後弟須來京，部長至台灣，已去電請其蒞校矣。

第十札

星期日留函，為明日二八同行之飛機票無望，懇另給。

第十一札　七月十五日

伯超先生來粵示書悉。文旗安抵南京，並謁商部長增加學校經費，並確定先生赴滇運輸事為慰為感。

駐京辦事處租房。赴滇運費寄至何處（復八百元請匯重慶孫雪樵）。另書報銷已交校照辦。

第十二札　橫幅（見第二札）

丁亥冬日，志強仁兄邀讌西關酒樓，讌後聆曲，曲中有斷鴻零雁記歌辭，辭蘇君曼殊所作也。曼殊有異稟，綺年削髮為僧，善畫能詩，風格高雋。辛亥鼎革之際，雲遊蘇皖，朋侶往還，頗臻文酒之勝。鄧世白先生有詩贈之，中有云「酒家三日秦淮景，何處滄波問曼殊」，曼殊得之，甚以為樂，於相知晤敘之間，必出以示人。三十年間物換星移，今聆此辭，不勝懷舊之感，爰以小詩二首記之，詩云：

斷鴻零雁落南天，五百明珠顆顆圓，
自是高文垂不朽，豔歌休擬柳屯田。

哀絲豪竹穩安排，新譜傳聲觸舊懷，
大雅流風今不作，酒家空爾憶秦淮。

戊子仲春北歸之後聚晤金陵，志強兄囑題近作相貽以為紀念，即書此詩及其本事以奉應，以志年來志強兄與弟奔走校事之蹤跡，亦藉以回憶平生朋儔聚散之緣也。書畢另書對聯一付，郵寄象復姪台轉交志強仁兄兼以就正，星拱時退居皖垣欲其自得之齋，序屬初夏。

6 月 27 日　晴

上午赴中山堂，在淡江第一屆畢業典禮簿上簽名，有招待員拉坐戲台榮譽座，余知十分蒸熱，謝不往。歸抄王撫五先生信入日記。下午延期院會，禮堂有冷氣設置，末一場開洋葷，同人大樂，余在冷室吃熱茶，惜茶味不佳。通過對日和約□□之延期案及特別預算。余尋徐漢豪不得，竇子進不空，乃入俞良濟家，同李延年、俞國信打一千元么半三十和底八圈，飯後余讓良濟。另一桌為裴承藩夫人，語余大生九孩存七，手術娶者五，產後三天下床，至於今日容顏不衰。俞國信妻默默，李延年妻滑稽。飯時略飲酒，飯後候熨長衫，久之乃回，坐樓窗納涼，閱才人福。

6月28日　晴

侯佩尹來早粥，余至殯儀館送杜月笙安厝汐止，賓客頗盛，秩序亦佳。余至李向采家候孫秀武購菜歸，同就安樂園，尚未開門，乃至功德林吃炒麵，麵炒得好，惜動作極慢，倚南窗頗納涼風，秀武稱快。歸見杜宅殯儀，入陳瞿梅蔭家飯，姚志崇評余赤膊臥樓上臥樓下不雅，余不能改焉。午蔣伯川宴證婚人，亦以不能赤膊吃飯辭之。同梅蔭飯後上樓談天，梅稱有錢者可以氣人，又說洪蘭友爬得快，余笑之。二時再至殯儀館送張伯雍喪，徐復人夫婦經紀其喪，余作輓聯云：

浮海乘桴，酒人長往；
繼志述事，著作猶新。

何尚時、陶家鄰、徐東明、夏伯祥、華致康、楊寶乾皆來送，余坐中禮堂，當風納涼。四時視伯雍入薄皮棺，裝進膠輪車，送往火葬場乃回。至公園路賀鮑文楠家次女與韓宗湘子惟明（在稅捐處服務者），韓夫人開真善美者，余長往問價，余乃不知其有子。鮑為湖人，湖州陳氏親皆在，余曾寒喧果夫夫人、惠夫及沈伯先。余坐錢逖先大菜桌頭，遇陳君樸之子，云梁寒操之女在台北，寒操亦將於下月初自港來。余至三陽春，為蔣伯川漢娶蔣眉舒之女尊萱證婚。證婚畢開席，吃飯兩碗，余自廚房逃出，新夫婦出送，強余坐車，余不肯，頗窘。歸坐草坪納涼，陳堃懷夫婦攜次子來坐，云金生麗在大陳營養不良，唐夢華在□□□，季通想回台北。余給錢，請往白熊吃芒果冰淇淋。余浴後在北窗納涼，閱才人福。

6月29日　晴

晨至實踐堂未多時，張壽賢到寧園尋余未得，來候余至陽明山探吳稚暉先生，吳先生方醒，述橡皮管落下之苦，余語儲福興如插進之管較短，庶幾不易落下，另想法接長利尿流通，不知可行否。余浴後忘手錶，某太太追出授余。入陽明山莊禮堂，總裁命人讀人讀哀公問政，人本政治。十一時半歸寧園，飯後晝寢，起身後曹樹森以車來運回曲子書籍。余又為馮用閱台灣八名人中文英文傳，其中列施琅未妥，余主以吳鳳列頂。五時半余至鄭家飲菉豆湯，臭豆腐干，朱歐生二子均來，庭中有外孫男三人，為外祖母者苦之。余歸坐草坪臥休，陳嘉猷、孫伯顏來為志崇夫人來定座。

壽賢述杜墓在靜修寺側，汐止自國民小學弄入路，廟、墓地皆有沙濾水設備，自司機以至於院長皆發在廟現蒸之饅頭一袋四枚，此法甚好。余問朱品三檢討意見，共用約二萬四千，現日已結帳，廣告皆以感情請減收，中央日報允六成，借車給車夫五十元。交通秩序最壞，不能滿意，最壞在到了汐止不知何往，未將墓地所在及全盤機畫告人，車夫亦未加以訓話，人問車夫，不知所答。墓地上端氣魄不彀偉大。

6月30日　晴

略有陣雨之意，雨不能下。陳瞿梅蔭余告以所苦，伊求勿炒鬧，余允之，同入廣東店吃粥及包子、燒買甚好，又擬入白熊，夥計正臥檯板。余至博物館晤馮用夫人，還王撫五先生遺墨。入中本聽朱品三厝杜檢討意見，入商務書館問股東會以何時開，趙叔誠來云月底。飯後孫仁來，為寫戴安國、顧儉德介紹書。余至黨部參加動員月會，徐柏園主席，林克中報告討論事，余發言甚多。散會至俞家，知前日合夥敗北須當三百元，俞夫婦客氣，余允下次再合夥贏回。食木瓜，又出朱家所做醬瓜。余帶醬瓜及酒與鄭明，食臭豆腐干甚多。飯後赴錢家打八圈，余一人獨贏。回寓，湯文輝自豐原帶來荔枝，云金秉全所送，余分給同寓食之。王叔明送來空軍戲票二張，未及往觀。夜雨聲似重慶，浙瀝有聲，念許表妹慎微逝世將十年，悲結余懷，又念及亡侄受祥（原海）。

民國日記 108

狄膺日記（1953）上冊

The Diaries of Ti Ying (Diffoutine Yin), 1953 - Section I

原　　著　狄　膺
主　　編　王文隆
總 編 輯　陳新林、呂芳上
執行編輯　李佳若
封面設計　溫心忻
排　　版　溫心忻
助理編輯　詹鈞誌

出　　版　開源書局 出版有限公司
香港金鐘夏慤道 18 號海富中心
1 座 26 樓 06 室
TEL：+852-35860995

民國歷史文化學社 有限公司
10646 台北市大安區羅斯福路三段
37 號 7 樓之 1
TEL：+886-2-2369-6912
FAX：+886-2-2369-6990

http://www.rchcs.com.tw

初版一刷　2024 年 11 月 20 日
定　　價　新台幣 420 元
港　幣 140 元
美　元　20 元
I S B N　978-626-7543-33-7
印　　刷　長達印刷有限公司
台北市西園路二段 50 巷 4 弄 21 號
TEL：+886-2-2304-0488

國家圖書館出版品預行編目 (CIP) 資料
狄膺日記 (1953) = The diaries of Ti Ying (Diffoutine Yin), 1953 / 狄膺原著 ; 王文隆主編 . -- 初版 . -- 臺北市 : 民國歷史文化學社有限公司 , 2024.11

冊 ;　公分 . -- (民國日記 ; 108-109)

ISBN 978-626-7543-33-7　(上冊 : 平裝). --
ISBN 978-626-7543-34-4　(下冊 : 平裝)

1.CST: 狄膺　2.CST: 立法委員　3.CST: 傳記

783.3886　　113015969